Les Courbes Hyperelliptiques en Cryptographie

Raouf Ouni

Les Courbes Hyperelliptiques en Cryptographie

Les protocoles cryptographiques basés sur le problème du logarithme discret

Éditions universitaires européennes

Mentions légales / Imprint (applicable pour l'Allemagne seulement / only for Germany)
Information bibliographique publiée par la Deutsche Nationalbibliothek: La Deutsche Nationalbibliothek inscrit cette publication à la Deutsche Nationalbibliografie; des données bibliographiques détaillées sont disponibles sur internet à l'adresse http://dnb.d-nb.de.
Toutes marques et noms de produits mentionnés dans ce livre demeurent sous la protection des marques, des marques déposées et des brevets, et sont des marques ou des marques déposées de leurs détenteurs respectifs. L'utilisation des marques, noms de produits, noms communs, noms commerciaux, descriptions de produits, etc, même sans qu'ils soient mentionnés de façon particulière dans ce livre ne signifie en aucune façon que ces noms peuvent être utilisés sans restriction à l'égard de la législation pour la protection des marques et des marques déposées et pourraient donc être utilisés par quiconque.

Photo de la couverture: www.ingimage.com

Editeur: Éditions universitaires européennes est une marque déposée de Südwestdeutscher Verlag für Hochschulschriften GmbH & Co. KG
Dudweiler Landstr. 99, 66123 Sarrebruck, Allemagne
Téléphone +49 681 37 20 271-1, Fax +49 681 37 20 271-0
Email: info@editions-ue.com

Produit en Allemagne:
Schaltungsdienst Lange o.H.G., Berlin
Books on Demand GmbH, Norderstedt
Reha GmbH, Saarbrücken
Amazon Distribution GmbH, Leipzig
ISBN: 978-3-8417-8205-2

Imprint (only for USA, GB)
Bibliographic information published by the Deutsche Nationalbibliothek: The Deutsche Nationalbibliothek lists this publication in the Deutsche Nationalbibliografie; detailed bibliographic data are available in the Internet at http://dnb.d-nb.de.
Any brand names and product names mentioned in this book are subject to trademark, brand or patent protection and are trademarks or registered trademarks of their respective holders. The use of brand names, product names, common names, trade names, product descriptions etc. even without a particular marking in this works is in no way to be construed to mean that such names may be regarded as unrestricted in respect of trademark and brand protection legislation and could thus be used by anyone.

Cover image: www.ingimage.com

Publisher: Éditions universitaires européennes is an imprint of the publishing house Südwestdeutscher Verlag für Hochschulschriften GmbH & Co. KG
Dudweiler Landstr. 99, 66123 Saarbrücken, Germany
Phone +49 681 3720-310, Fax +49 681 3720-3109
Email: info@editions-ue.com

Printed in the U.S.A.
Printed in the U.K. by (see last page)
ISBN: 978-3-8417-8205-2

Copyright © 2011 by the author and Südwestdeutscher Verlag für Hochschulschriften GmbH & Co. KG and licensors
All rights reserved. Saarbrücken 2011

Table des matières

Introduction

La cryptologie moderne a trente ans. On s'accorde en effet à identifier sa date de naissance à la parution du célèbre article de Whitfield Diffie et Martin Hellman "New Directions in cryptography", en 1976. Cet article contenait en effet les idées fondamentales de chiffrement à clef publique et de signature électronique qui ont incontestablement structuré la recherche qui a suivi. Ces trente années ont été riches en découvertes, en innovations et en progrès techniques, les uns décisifs, les autres d'importances relatives. Parmi les faits les plus marquants de la courte histoire de la cryptologie moderne, citons pêle-mêle la mise au point du premier système à clef publique, par Rivest, Shamir et Adelman, la grandeur et la décadence des systèmes basés sur le problème combinatoire du sac à dos, présentés un moment comme une alternative au **RSA** et dont la faiblesse fut ensuite établie. La fructueuse interaction avec la théorie de la complexité algorithmique qui a produit le concept d'identification sans apport d'information, les méthodes de cryptanalyse différentielle et linéaire qui ont fourni des outils d'évaluation des systèmes conventionnels de chiffrement par blocs tels que **DES**, les progrès des méthodes de factorisation qui, sans mettre en cause la sécurité des systèmes cryptographiques tels que le **RSA**, ont rendu obsolètes des tailles de clefs qu'on anticipait bonnes pour des siècles. Quant à l'usage de la cryptologie, c'est une évidence de dire qu'il s'est banalisé plus encore, sous l'effet du formidable développement des méthodes modernes de communication. Des mécanismes cryptograhiques parfois sophistiqués, sont présents dans les cartes bancaires, le téléphone cellulaire, les technologies d'informations, les procédés de transfert de fonds ou de paiements électroniques développés pour l'internet. Il n'est pas possible d'être exhaustif et l'impression se dégage qu'on entre dans l'ère de chiffrement.

Progrès théoriques et besoins pratiques se conjuguent donc pour créer des conditions favorables à la croissance de cette science, nommée par les uns science du secret. La cryptographie est à la base des théories mathématiques de haut niveau telles que la théorie algébrique et arithmétique des nombres. Nous essayerons de vous présenter un aperçu de ces théories dans ce présent travail.

L'étude des courbes elliptiques a débuté avec pour motivation l'étude d'intégrales. En effet, pour calculer une intégrale de la forme $\int \frac{dx}{\sqrt{x^3+ax+b}}$, liée à la longueur d'un arc d'ellipse, on est naturellement amené à étudier la courbe $y^2 = x^3 + ax + b$. Les acteurs principaux de ces premières études sont Abel, Jacobi,Weierstrass et Riemann . A la fin du 19ème siècle et au début du 20ème, les problèmes liés aux courbes algébriques ont commencé à être abordés d'un point de vue plus algébrique qu'analytique. Il y a une quinzaine d'années, l'algorithmique sur les courbes elliptiques et hyperelliptiques s'est vraiment épanouie avec la définition d'exigences de plus en plus fines de la part du " consommateur " de cryptosystèmes. D'une utilisation à une autre, celle-ci peut insister sur divers aspects : avoir une petite taille de clefs, avoir un très petit temps de chiffrement ou bien de déchiffrement. Pour répondre de manière précise à ces besoins variés, il est apparu nécessaire d'introduire des concepts mathématiques de plus en plus variés.

Contenu et organisation de ce livre

Notre livre est divisé en six chapitres. Le chapitre 1 est consacré à une brève introduction cryptograhique et regroupe des prérequis théoriques. Le chapitre 2 relate une tentative d'introduction élémentaire : Les propriétés des courbes hyperelliptiques [Men-Hon-Zuc]. Les chapitres 3 et 4 sont dédiés à la construction de la jacobienne, d'une courbe lisse quelconque, et de la loi de groupe sur celles-ci. Ce qui va nous permettre à la suite d'utiliser la représentation de Mumford des diviseurs réduits et les algorithmes de Cantor pour pouvoir calculer dans la jacobienne [Can]. Dans le chapitre 4 nous citons les conjectures de Weil, l'algorithme de Shanks et notamment l'algorithme de Kedlaya concernant le calcul de la cardinalité de la jacobienne d'une courbe hyperelliptique sur un corps fini [Ked] et [Sti]. Le 6ème et dernier chapitre est le plus lié à la cryptologie, puisque nous y étudions le problème du logarithme discret, nous décrivons les méthodes fonctionnant dans un groupe générique. Nous mettons le point sur quelques attaques, les plus connues sur la jacobienne d'une courbe telle que : l'attaque de Frey-Rück [Fre-Rük].

Chapitre 1

Préliminaires

1.1 Introduction à la cryptographie

1.1.1 Cryptograhie classique

L'objectif fondamental de la cryptographie (science du secret) est de permettre à deux personnes, appelées traditionnellement Alice et Bob, de communiquer à travers d'un canal peu sûr de telle sorte qu'un opposant, Oscar, ne puisse pas comprendre ce qui est échangé. Le canal peût être par exemple une ligne téléphonique ou tout autre réseau de communication. L'information qu'Alice souhaîte transmettre à Bob, que l'on appelle texte clair, peut être un texte en français, une donnée numérique, ou n'importe quoi d'autre, de structure arbitraire. Alice transforme le texte clair par un procédé de chiffrement en utilisant une clef prédéterminée, et envoie le texte chiffré à travers le canal. Oscar, qui espionne éventuellement le canal, ne peut retrouver le texte clair. Cependant Bob, qui connait la clef, peut déchiffrer le texte et le récupérer.Ce concept s'énonce formellement ainsi. Un système cryptographique est un quintuplet (P,C,K,E,D) satisfaisant :

1. $\mathcal{P}$ est un ensemble fini de blocs de textes clairs possibles.

2. $\mathcal{C}$est un ensemble fini de blocs de textes chiffrés possibles.

3. $\mathcal{K}$ est un ensemble fini de clefs possibles.

4. Pour tout $K \in \mathcal{K}$, il y a une règle de chiffrement $e_K \in \mathcal{E}$ et une règle de déchiffrement correspondante $d_K \in \mathcal{D}$. Chaque $e_K : \mathcal{P} \rightarrow \mathcal{C}$ et $d_K : \mathcal{C} \rightarrow \mathcal{P}$ sont fonctions telles que $d_K(e_K(x)) = x$ pour tout texte clair $x \in \mathcal{P}$.

La principale propriété est la quatrième. Elle précise que si un texte clair x est chiffré en utilisant e_K, et si le texte y obtenu est ensuite déchiffré en utilisant d_K, on retrouve le texte clair x original.

Alice et Bob peuvent employer le protocole suivant pour utiliser un système cryptographique spécifique. Tout d'abord, ils choisissent une clef quelconque $K \in \mathcal{K}$. Cette opération est effectuée lorsqu'ils se rencontrent en un même endroit et ne sont pas observés par Oscar, ou bien lorsqu'ils disposent d'un canal de communication sûr, auquel cas ils peuvent être à des endroits éloignés. Donc pour pouvoir échanger des données, ils doivent utiliser une même clef secrète qui sère à la fois au chiffrement et au déchiffrement de données échangées.

Le chiffrement par décalage

Dans cette section, on décrit le chiffrement par décalage, basé sur l'arithmétique modulaire.

Définition 1.1.1 *Si a, b et m sont des entiers, et si $m > 0$, on écrit $a \equiv b \ (mod \ m)$ si m divise $b - a$.*
Le chiffrement par décalage est défini par le procédé suivant :
Soit $\mathcal{P} = \mathcal{C} = \mathcal{K} = \mathbb{Z}_m$. Pour $0 \leq K \leq m - 1$ et $(x, y) \in \mathbb{Z}_m^2$, on définit

$$e_K(x) = x + K \ mod \ m$$

$$d_K(x) = x - K \ mod \ m$$

*Pour le cas particulier où $K = 3$, le système cryptographique est souvent appelé chiffrement de **César**, car il a été utilisé par Jules César.*

Le chiffrement par substitution

Un autre système cryptographique bien connu est le chiffrement par substitution. Ce procédé a été utilisé pendant des centaines d'années. Les nombreux "cryptogrammes" proposés de manière ludique dans les journaux sont des exemples d'application.

En effet, soit $\mathcal{P} = \mathcal{C} = \mathbb{Z}_m$. Soit $\mathcal{K}$ l'ensemble des permutations sur l'ensemble des m nombres $0, 1, ..., m - 1$. Pour chaque permutation $\pi \in \mathcal{K}$, on définit

$$e_\pi(x) = \pi(x).$$

$$d_\pi(y) = \pi^{-1}(y).$$

où π^{-1} est la permutation réciproque de π.

Vu le nombre des caractères de l'alphabet, on prend souvent $m = 26$, même si on peut travailler dans une base m quelconque choisie.

Chiffrement affine

Le chiffrement par décalage est un cas particulier du chiffrement par substitution qui n'utilise que m des $m!$ permuttations possibles. Un autre cas particulier est le chiffrement affine. Dans ce procédé, on limite les fonctions de chiffrement aux fonctions de la forme

$$e(x) = ax + b \ mod \ m,$$

où $(a, b) \in \mathbb{Z}_m^2$. Ces fonctions sont appelées des fonctions affines, d'où le nom du procédé. Pour que l'opération de déchiffrement soit possible, il est nécessaire que la fonction affine soit injective. Autrement dit, pour tout $y \in \mathbb{Z}_m$, l'équation

$$ax + b \equiv y \ (mod \ m)$$

doit avoir une unique solution x. L'équation est équivalente à

$$ax \equiv y - b \ (mod \ m).$$

Théorème 1.1.2 *Supposons*

$$m = \prod_{i=1}^{n} p_i^{e_i}$$

où les p_i sont des nombres premiers distincts et $e_i > 0$ pour $1 \leq i \leq n$.
On a

$$\phi(m) = \prod_{i=1}^{n} (p_i^{e_i} - p_i^{e_i-1})$$

où $\phi(m)$ étant la fonction indicatrice d'Euler.
Le nombre de clefs dans le chiffrement affine sur $\mathbb{Z}_m$ est donc $m\phi(m)$ (dans
la fonction $e(x) = ax + b$, le nombre de choix de b est m tandis que le nombre
de choix pour a est $\phi(m)$).

1.1.2   La théorie de Shannon

En 1949, Claude Shannon publia un article intitulé " Communication
Theory of Secrecy Systems" dans le Bell Systems Technical Journal, qui eut
une influence considérable sur l'étude de la cryptographie.

Confidentialité parfaite

Il y a deux approches fondamentales dans l'étude de la sécurité d'un système cryptographique.
Sécurité calculatoire :
Ceci mesure la quantité de calcul pour casser un système. On dira qu'un procédé est sûr au sens de la théorie de complexité si le meilleur algorithme d'attaque nécessite N opérations où N est un nombre trop grand. Le problème
est qu'aucun système cryptographique pratique connu n'a pu être montré sûr
avec une telle définition. Dans la pratique, on dit souvent qu'un système est
sûr si la meilleure attaque connue ne peut se faire avec une quantité raisonnable de temps de calcul. Une autre approche consiste à démontrer la sécurité
calculatoire en réduisant la sécurité de système à un problème bien connu et
réputé d'être difficile. Par exemple, il est possible de prouver un théorème de

type "ce système cryptographique est sûr au sens de la théorie de complexité si la factorisation de l'entier n ne peut être réalisée".

Sécurité inconditionnelle :

Ceci mesure la sécurité du système sans borne sur la quantité de calculs qu'Oscar est capable de faire. Un procédé est inconditionnellement sûr s'il ne peut être cassé, même avec une puissance de calcul infini. Pour cela Shannon suppose qu'une clef donnée n'est utilisé qu'une seule fois dans le chiffrement.

Entropie

On a vu les conditions de confidentialité parfaite (clef unique). On étudie maintenant les conséquences d'une utilisation multiple d'une même clef. On s'intéresse à l'information révélée à l'opposant pour réaliser une attaque à texte chiffré connu avec une quantité abitraire de temps de calcul.

L'outil de base pour étudier ce problème est le concept d'entropie, introduit par Shannon en 1948. L'entropie peut être vue comme une mesure mathématique de l'information, ou de l'incertitude sur l'information, et est calculée sur une distribution de probabilités.

Supposons que l'on ait une variable aléatoire X sur un ensemble fini de valeurs $\mathcal{X}$ qui suive une distribution f. Quelle est l'information obtenue par la connaissance de la valeur de X, étant donné sa distribution ? De manière équivalente, si X n'est pas connu, quelle est l'incertitude sur sa valeur ? Cette quantité est appelée entropie de X et notée $H(f)$.

On peut imaginer qu'un événement de probabilité p peut se coder sur une chaîne d'environ $-log_2 p$. Pour une distribution de probabilités $p_1, p_2, ..., p_n$ de la variable X, on prend la moyenne pondérée des $-log_2 p_i$ comme mesure de l'information. Cela justifie la définition suivante.

Définition 1.1.3 *Soit une distribution f sur un ensemble fini défini par les probabilités élémentaires $p_1, p_2, ..., p_n$. L'entropie de cette distribution est*

$$H(f) = -\sum_{i=1}^{n} p_i log_2 p_i.$$

Si les événements possibles de f sont x_i, $1 \leq i \leq n$, on a

$$H(f) = -\sum_{i=1}^{n} P(x_i) log_2 P(x_i),$$

où $\mathbf{P(x_i)}$ est la probabilité de l'événement x_i.

Regardons l'entropie des différents composantes d'un système cryptographique. On peut voir la clef comme une variable aléatoire K qui prend ses valeurs suivant la distribution $\mathcal{K}$. Ce qui permet de calculer l'entropie $H(K)$. De même, on peut calculer les entropies $H(P)$ et $H(C)$ des distributions de textes clairs et chiffrés respectivement.

Système cryptographique produit

Une autre notion introduite par Shannon est l'idée de combiner des systèmes cryptographiques en formant leur "produit". Cette idée joue un rôle fondamental dans la conception des sytèmes cryptographiques à clef secrète tels le **Standard de Chiffrement de Données DES.**

1.1.3 DES

Le 15 mai 1973, Le National Bureau of Standards des Etats Unis lança un appel d'offre de système cryptographique dans le Federal register. Cet appel déboucha sur le **Standard de Chiffrement de Données DES**, qui est devenu le système cryptographique le plus utilisé dans le monde.**IBM** développa initialement **DES** comme modification d'un système antérieur appelé **LUCIFER.**

Description de DES

DES chiffre un bloc de texte clair de 64 bits en utilisant une clef de 56 bits, pour obtenir un bloc de texte chiffré de 64 bits. On donne ici une description générale de ce système. L'algorithme se déroule en trois étapes :

1. Etant donné un bloc de texte clair x, une chaîne de bits x_0 est construite en changent l'ordre des bits de x suivant une permutation initiale π fixée. On écrit $x_0 = \pi(x) = L_0 R_0$ où L_0 contient les 32 premiers bits de la chaîne x_0 et R_0 contient les 32 restants.

2. 16 itérations (ou 16 tours) d'une certaine fonction sont effectuées. On calcule $L_i R_i$, $1 \le i \le 16$ suivant la règle

$$L_i = R_{i-1}$$

$$R_i = L_{i-1} \oplus f(R_{i-1}, K_i).$$

où $\oplus$ représente le $ou - exclusif$ bit-à-bit de deux chaînes. La fonction f de substitution, et $K_1, K_2, ..., K_{16}$ sont des chaînes de 48 bits calculées à partir de K. En fait, chaque K_i est composé de 48 bits donnés de K dans un ordre particulier. On dit que $K_1, K_2, ..., K_{16}$, sont obtenus par diversification de la clef.

3. La permutation inverse π^{-1} est appliquée à $R_{16} L_{16}$ pour obtenir le bloc de texte chiffré $y = \pi^{-1}(R_{16} L_{16})$. On note l'inversement de l'ordre de L_{16} et R_{16}.

1.1.4   Système à clef publique

Dans le modèle classique de la cryptographie étudié jusqu'ici, Alice et Bob choisissent secrètement une clef K qui définit des règles de chiffrement e_K et de déchiffrement d_K. Dans les systèmes cryptograhiques décrits précédemment, d_K est identique à e_K, ou peut s'en déduire facilement. Par exemple, dans le système **DES**, le déchiffrement est identique au chiffrement, mais avec l'ordre des sous clefs inversé.

Un défaut des systèmes à clef privée est qu'ils nécessitent la communication préalable de la clef K entre Alice et Bob par un canal sûr avant la transmission de message chiffré. Pour contourner ces faiblesses Whitfield Diffie et Martin Hellman proposent dans leur article "New Direction in Cryptography", parût en 1976, les idées fondamentales de chiffrement à clef publique.

La première réalisation d'un système à clef publique fut publiée en 1977, par Rivest, Shamir et Adelman : C'est le chiffrement **RSA** .

L'objectif de ces systèmes est de rendre la règle de déchiffrement d_K impossible à retrouver à partir de celle de chiffrement e_K. Ainsi e_K peut être publié dans un répertoire (d'où le nom "clef publique"). L'avantage de ces systèmes est qu'Alice où tout autre personne peut envoyer un message à Bob chiffré par e_K sans communication privée préalable. Bob est la seule personne capable de déchiffrer ce texte en utilisant sa règle secrète d_K.

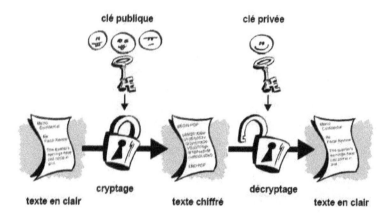

Chiffrement à clef publique

Exemple 1.1.4

1. Le chiffrement **RSA** est basé sur la difficulté de la factorisation des grands entiers.

2. Le système **ElGamel** est basé sur la difficulté de calculer le logarithme discret dans un corps fini.

3. Les systèmes sur les courbes elliptiques et hyperelliptiques, qui fera le sujet de ce mémoire de mastère, sont des modifications d'autres systèmes (tel que le chiffrement d'**ElGamel** par exemple) qui utilisent

une courbe plutôt qu'un corps fini. L'avantage des systèmes basés sur les courbes est qu'ils semblent être sûrs pour des clefs plus petites que les autres systèmes. D'où un gain de temps et de mémoire considérable. En effet le NSA(National Security Agency) aux Etats Unis a procuré le brevet pour l'utilisation de ces systèmes à courbes en décembre 2004, ceci nous permet d'avoir une idée sur leurs importance.

Le chiffrement RSA

Ce système utilise l'arithmétique de $\mathbb{Z}_n$, où n est le produit de deux nombres premiers impairs distincts p et q. Pour un tel n, on a

$$\phi(n) = (p-1)(q-1).$$

On peut décrire formellement le principe de ce système par ce qui suit.

Description de procédé :

Soit $n = pq$ où p et q sont des nombres premiers. Soit $\mathcal{P} = \mathcal{C} = \mathbb{Z}_n$.
On définit

$$\mathcal{K} = \{(n,p,q,a,b) : n = pq, \ p \ et \ q \ des \ nombres \ premiers, \ ab \equiv 1 \ (mod \ \phi(n))\}$$

Pour $K = (n,p,q,a,b)$, on définit

$$\begin{cases} e_K(x) = x^b \ mod \ n \\ d_K(x) = y^a \ mod \ n, \end{cases}$$

où $(x,y) \in \mathbb{Z}_n$. Les valeurs n et b sont publiques, et les valeurs p, q et a sont secrètes.

Vérifions que le chiffrement et le déchiffrement sont bien des opérations réciproques. Comme

$$ab \equiv 1 \ (mod \ \phi(n))$$

on a pour un certain entier t

$$ab = t\phi(n) + 1.$$

Soit $x \in \mathbb{Z}_n^*$, on a

$$
\begin{aligned}
(x^b)^a &\equiv x^{t\phi(n)+1} \; (mod \; n) \\
&\equiv (x^{\phi(n)})^t \; x \; (mod \; n) \\
&\equiv 1^t \; x \; (mod \; n) \\
&\equiv x \; (mod \; n).
\end{aligned}
$$

Chiffrement d'ElGamel

Le chiffrement d'ElGamel est basé sur le problème du logarithme discret **DLP**. Pour commencer, on décrit ce problème dans le corps fini $\mathbb{Z}/p\mathbb{Z}$, où p est un nombre premier. On rappelle que le groupe $\mathbb{Z}/p\mathbb{Z}$ est cyclique, et que ses générateurs sont appelés racines primitives modulo p.

Présentation du DLP :

$I = (p, \alpha, \beta)$ où p est un nombre premier, $\alpha \in (\mathbb{Z}/p\mathbb{Z})^*$.

La question qui se pose est de trouver a, $0 \leq a \leq p - 2$ tel que

$$\alpha^a \equiv \beta \; (mod \; p).$$

Le nombre a est noté $log_\alpha \beta$.

Le problème est réputé difficile si p est convenablement choisi. En fait, on ne connaît aucun algorithme polynomial pour le résoudre. Pour éviter les attaques connues, p doit avoir au moins 150 chiffres, et $(p - 1)$ doit avoir au moins un "grand" facteur premier. L'utilité du **DLP** en cryptographie provient du fait que calculer les logarithmes discret est difficile, tandis que calculer l'opération inverse d'exponentiation peut se faire facilement. ElGamel a proposé un système cryptographique basé sur le problème du logarithme discret.

Description de procédé :

Soit p un nombre premier tel que le **DLP** dans $\mathbb{Z}/p\mathbb{Z}$. Soit difficile, et soit $\alpha \in (\mathbb{Z}/p\mathbb{Z})^*$ un élément primitif. Soient $\mathcal{P} = (\mathbb{Z}/p\mathbb{Z})^*$, $\mathcal{C} = (\mathbb{Z}/p\mathbb{Z})^{*2}$ et

$$\mathcal{K} = \{(p, \alpha, a, \beta) \; : \; \beta \equiv \alpha^a \; (mod \; p)\}.$$

Les valeurs p, α et β sont publiques et a est secret.

Pour $\mathcal{K} = (p, \alpha, a, \beta)$ et pour un entier $k \in \mathbb{Z}/(p-1)\mathbb{Z}$ aléatoire (secret), on définit

$$e_K(x, k) = (y_1, y_2),$$

où

$$y_1 = \alpha^k \bmod p$$
$$y_2 = x\beta^k \bmod p.$$

Pour tout $(y_1, y_2) \in (\mathbb{Z}/p\mathbb{Z})^{*2}$, on définit

$$d_K(y_1, y_2) = y_2(y_1^a)^{-1} \bmod p.$$

En fait, d'aprés **ElGamel** le texte clair est "masqué" par la multiplication par β^k, en produisant y_2. La valeur α^k est également transmise en tant que partie de texte chiffré. Bob, qui connaît l'exposant secret a, peut calculer β^k à partir de α^k. Il peut alors "enlever le masque" en divisant y_2 par β^k et obtenir x.

Chiffrement sur les courbes

Neal Koblitz en 1986 publia un article où il propose, un bon candidat, les courbes elliptiques vuent comme des groupes particuliers sur les corps finis [Kob3]. Ces courbes peuvent être utilisé dans des procédés de chiffrement.

Définition 1.1.5 *Soit un nombre premier $p > 3$. Une courbe elliptique est une équation de la forme*

$$y^2 = x^3 + ax + b.$$

Sur $\mathbb{Z}/p\mathbb{Z}$ c'est l'ensemble des solutions $(x, y) \in (\mathbb{Z}/p\mathbb{Z})^{*2}$ de l'équation

$$y^2 \equiv x^3 + ax + b \pmod{p}$$

où $(a, b) \in (\mathbb{Z}/p\mathbb{Z})^{*2}$ sont des constantes telles que $4a^3 + 27b^2 \neq 0 \bmod p$, La courbe, vue comme un groupe de loi additive, présente un élément neutre noté souvent $\mathcal{O}$ et appelé point à l'infini.

Une variante de chiffrement d'**ElGamel** fût proposé par Menzes et Vanstone, où la courbe elliptique est utilisé pour "masquer". Les textes clairs et chiffrés peuvent êtres composés de n'importe quels éléments (non nuls) du corps.

Procédé de chiffrement de Menzes-Vanstone sur les courbes

Soit E une courbe elliptique sur $\mathbb{Z}_p$, $(p > 3 \ premier)$ qui contient un sous groupe cyclique H dans lequel le **DLP** est difficile à résoudre.

Soient $\mathcal{P} = (\mathbb{Z}/p\mathbb{Z})^{*2}$, $\mathcal{C} = E$ x $(\mathbb{Z}/p\mathbb{Z})^{*2}$ et

$$\mathcal{K} = \{(E, \alpha, a, \beta) \ : \ \beta = a\alpha \ \},$$

où $\alpha \in E$. Les valeurs α et β sont publiques et a est secret .

Pour $\mathcal{K} = (E, \alpha, a, \beta)$, un nombre aléaoire (secret) $k \in \mathbb{Z}_{\#H}$ et $x = (x_1, x_2) \in (\mathbb{Z}/p\mathbb{Z})^{*2}$, on définit

$$e_K(x, k) = (y_0, y_1, y_2),$$

où

$$
\begin{aligned}
y_0 &= k\alpha \\
(c_1, c_2) &= k\beta \\
y_1 &= c_1 x_1 \ mod \ p \\
y_2 &= c_2 x_2 \ mod \ p.
\end{aligned}
$$

Pour un texte chiffré $y = (y_0, y_1, y_2)$, on définit

$$d_K(y) = (y_1 c_1^{-1} \ mod \ p, \ y_2 c_2^{-1} \ mod \ p),$$

où

$$ay_0 = (c_1, c_2).$$

1.1.5 Signature et fonction de hachage

Un procédé de signature permet de signer un document sous une forme éléctronique. Ainsi, une signature peut être transmise par un réseau informatique ou autre, c'est un moyen de vérification de destinataire. Une signature "conventionnelle" sur un document engage habituellement la responsabilité du signataire et elle est physiquement attachée au document signé. Cependant une signature électronique ne peut pas l'être de la même manière. Ainsi, l'idée du procédé est de coller en quelque sorte la signature au message. Le premier exemple de procédé de signature est le système à clef publique **RSA** en mode de signature. Bob signe un message x par un déchiffrage, dans le chiffrement **RSA**. Bob est la seule personne capable de signer car $d_K = sig_K$ est secret. La fonction de vérification utilise la fonction de chiffrement e_K de **RSA**. Tout le monde peut vérifier la signature puisque e_K est publique.

Procédé de signature RSA :

Soit $n = pq$, où p et q sont premiers. Soit $\mathcal{P} = \mathcal{A} = \mathbb{Z}_n$, et

$$\mathcal{K} = \{(n, p, q, a, b) \ : \ n = pq, \ p, \ q \, premiers, \ ab \equiv 1 \ (mod \ \phi(n)) \},$$

où n et b sont publiques, et p, q et a sont secres.

Pour $\mathcal{K} = (n, p, q, a, b)$, on définit

$$sig_K(x) = x^a \ mod \ n.$$

et

$$ver_K(x, y) = vrai \Leftrightarrow x \equiv y^b \ (mod \ n).$$

où $(x, y) \in \mathbb{Z}_n$.

Fonction de hachage

Les procédés de signature ne permettent de signer que de "petits" messages. Une solution naïve, analogue au chiffrement des longues chaînes de textes clairs par des chiffrements petit bloc par petit bloc. Ceci pose cependant plusieurs problèmes. Tout d'abord, la longueur de la signature d'un long message devient trés grande. De plus, la plupart des procédés de signatures "sûrs" sont lents. La solution à tous ces problèmes est la notion de **fonction de hachage cryptographique.** Cette fonction, qui doit être rapide à calculer, transforme un message de longueur arbitraire en une **empreinte numérique** de taille fixée (160 bits dans le cas de DSS).

Lorsque Bob souhaite signer un message x, il calcule d'abord l'empreinte numérique $z = h(x)$, où h est la fonction de hachage utilisée, signe avec

$y = sig_K(z)$ et transmet le couple (x, y) à travers le canal de communication. Tout le monde peut effectuer la vérification en calculant l'empreinte $z = h(x)$ et en utilisant le procédé de vérification de la signature $ver_k(z, y)$.

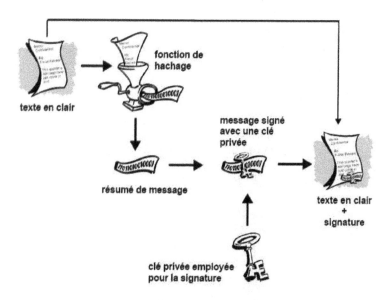

Procédé de signature haché.

1.2 Introduction mathématique

1.2.1 Ensemble algébrique affine

Soit n un entier strictement positif. On se place dans l'espace $\mathbb{K}^n$. Si $x = (x_1, x_2, ..., x_n)$ est un point de $\mathbb{K}^n$ et si $P(X_1, ..., X_3)$ est un polynôme, on note $P(x) = P(x_1, ..., x_n)$. Toutes les définitions et les propositions que nous allons énoncer sont valable sur la clôture algébrique de $\mathbb{K}$.

Définition 1.2.1 *Soit S une partie quelconque de $\mathbb{K}[X_1, ..., X_2]$. On pose :*

$$V(S) = \{x \in \mathbb{K}^n| \ \forall P \in S, \ P(x) = 0\}$$

de sorte que tous les points $x \in V(S)$ sont les zéros communs à tous les polynômes de S. On dit que $V(S)$ est l'ensemble algébrique affine défini par S. On le notera souvent, dans le cas d'un ensemble fini, $V(F_1, ..., F_r)$.

Remarque 1.2.2 *On peut noter encore $\mathbb{K}^n$ par $\mathbb{A}^n(\mathbb{K})$ et on dit que c'est le n-ième espace affine sur $\mathbb{K}$.*

Exemple 1.2.3

1. On a $V(\{1\}) = \emptyset$, $V(\{0\}) = \mathbb{K}^n$, le vide et l'espace tout entier sont donc des ensembles algébriques affines.

2. Si $n = 1$ et si S n'est pas réduit à 0, $V(S)$ est un ensemble fini : les ensembles algébriques affines de la droite sont la droite et les ensembles finis.

3. Soit V un ensemble algébrique sur l'espace affine $\mathbb{K}^2$ (supposé de caractéristique différente de 2), V est défini sur $\mathbb{K}$ par l'équation

$$X^2 - Y^2 = 1.$$

On a alors une bijection entre $V(\mathbb{K})$ et $\mathbb{K} - \{0\}$

$$\mathbb{K} - \{0\} \quad \to \quad V(\mathbb{K})$$
$$t \quad \to \quad ((t^2 + 1)/2t, \ (t^2 - 1)/2t)$$

Remarque 1.2.4

1. L'application V est décroissante : si $S \subset S'$, on a $V(S) \subset V(S')$.

2. Comme $\mathbb{K}[X_1, ..., X_n]$ est noethérien, tout idéal est de type fini :
   $I = < f_1, ..., f_r >$ et donc tout ensemble algébrique affine est défini par
   un nombre fini d'équations : $V(I) = V(f_1, ..., f_r) = V(f_1) \cap ... \cap V(f_r)$.

3. Dans $\mathbb{K}^2$, deux polynômes peuvent définir le même ensemble algébrique
   affine : $V(X) = V(X^2)$.

4. Un point de $\mathbb{K}^n$ est un ensemble algébrique affine : si $a = (a_1, ..., a_n)$,
   alors on a $\{a\} = V(X_1 - a_1, ..., X_n - a_n)$.

Idéal d'un ensemble algébrique affine

On introduit le duale de V, qui associe à un ensemble de points un idéal
de l'anneau de polynômes.

Définition 1.2.5 *Soit V un sous ensemble de $\mathbb{K}^n$. On appelle idéal de V
l'ensemble :*

$$I(V) = \{f \in \mathbb{K}[X_1, ..., X_n] \mid \forall x \in V, \ f(x) = 0\}.$$

*Il s'agit donc des fonctions polynômiales nulles sur V. On peut remarquer
qu'il s'agit d'un idéal en considérant l'homomorphisme d'anneaux*

$$\tau \ : \ \mathbb{K}[X_1, ..., X_n] \ \rightarrow \mathcal{F}(V, \mathbb{K})$$

*à valeurs dans l'anneau de toutes les fonctions de V dans $\mathbb{K}$, qui à un poly-
nôme associe la restriction à V de la fonction polynômiale associée. Le noyau
de τ est $I(V)$ (qui est donc un idéal) et l'image de τ est l'anneau $\Gamma(V)$ des
fonctions polynômiales sur V, isomorphe à $\mathbb{K}[X_1, ..., X_n]/I(V)$.*

Remarque 1.2.6

1. L'application I est décroissante.

2. Si V est un ensemble algébrique affine, on a $V(I(V)) = V$.

Théorème des zéros de Hilbert

C'est l'un des théorèmes fondamentaux de la géométrie algébrique. Il est utile pour faire le lien entre les ensembles algébriques affines et les idéaux. Ce qui permet notamment de calculer $I(V(I))$. On peut trouver une preuve de ce théorème dans [Per].

Théorème 1.2.7 *(Version faible) Soit $I \subset \mathbb{K}[X_1, ..., X_n]$. Alors $V(I)$ est non vide.*

Remarque 1.2.8 *Pour formuler le théorème des zéros de Hilbert, il faut introduire la notion de radical d'un idéal I de l'anneau A qui est :*

$$rac(I) = \{x \in A \mid \exists\, r \in \mathbb{N},\ x^r \in I\ \}.$$

Théorème 1.2.9 *(Théorème des zéros de Hilbert). Soit I un idéal de $\mathbb{K}[X_1, ..., X_n]$. On a $I(V(I)) = rac(I)$.*

1.2.2 Ensembles algébriques projectifs

L'espace projectif

Définition 1.2.10 *Soient n un entier positif et E un espace vectoriel de dimension $n + 1$ sur $\mathbb{K}$. On introduit la relation d'équivalence $\mathcal{R}$ sur $E - \{0\}$ par :*

$$x\mathcal{R}y \Leftrightarrow \exists\, \lambda \in \mathbb{K}^*,\ y = \lambda x.$$

La relation $\mathcal{R}$ n'est autre que la colinéarité et les classes d'équivalence pour $\mathcal{R}$ sont donc les droites vectorielles de E, privées de 0.

Définition 1.2.11 *L'espace projectif associé à E, que l'on note $\mathbb{P}(E)$, est le quotient de $E - \{0\}$ par la relation $\mathcal{R}$. Lorsque l'on a $E = \mathbb{K}^{n+1}$, on pose $\mathbb{P}(E) = \mathbb{P}^n(\mathbb{K})$ et on l'appelle espace projectif standard de dimension n :*

$$\mathbb{P}^n(\mathbb{K}) = \frac{\{(a_0, ..., a_n) \in \mathbb{K}^{n+1} \mid a_0, ..., a_n \text{ non tous nuls}\}}{\sim}$$

où $(a_0, ..., a_n) \sim (a_0', ..., a_n')$ s'il existe $t \in \mathbb{K}^*$ tel que $(a_0, ..., a_n) = t(a_0', ..., a_n')$.

Remarque 1.2.12 *Le plan projectif $\mathbb{P}^2(\mathbb{K})$ est l'ensemble des points $P = (a, b, c) \neq (0, 0, 0) \in \mathbb{K}^3$ de sorte que deux points $P = (a, b, c)$ et $P' = (a', b', c')$ sont considérés comme étant des points équivalents s'il existe $t \in \mathbb{K}^*$ tel que $(a, b, c) = t(a', b', c')$. Les nombres a, b et c sont appelés les coordonnées homogènes du point P.*

Ensembles algébriques projectifs

Définition 1.2.13 *Soit un corps $\mathbb{K}$. Un polynôme $Q \in \mathbb{K}[X_1, ..., X_n]$ est un polynôme homogène de degré d si chacun de ses termes est de degré d. De plus, Q est irréductible s'il ne peut pas s'écrire comme le produit de deux polynômes de $\mathbb{K}[X_1, ..., X_n]$.*

Proposition 1.2.14 *Soient un corps $\mathbb{K}$ et un polynôme non nul $Q(X_1, ..., X_n)$ à coefficients dans $\mathbb{K}$. Alors, Q est un polynôme homogène de degré $d > 0$ si et seulement si , pour une variable auxiliaire t, on a*

$$Q(tX_1, ..., tX_n) = t^d Q(X_1, ..., X_n).$$

La preuve de cette proposition est immédiate si on écrit Q comme une somme de polynômes homogènes non nuls de degré d_i :

$$Q = Q_{d_1} + Q_{d_2} + ... + Q_{d_k} \qquad d_1 < d_2 < ... < d_k.$$

La première différence avec l'espace affine est que les polynômes dans l'anneau $\mathbb{K}[X_1, ..., X_n]$ ne définissent plus des fonctions sur l'espace projectif car leur valeur en un point $\overline{x}$ dépend du système de coordonnées homogènes .

Proposition 1.2.15 *Soient $F \in \mathbb{K}[X_0, ..., X_n]$ et $\overline{x} \in \mathbb{P}^n$. On dit que $\overline{x}$ est un zéro de F si on a $F(x) = 0$ pour tout système de coordonnées homogènes x de $\overline{x}$. On peut écrire alors $F(\overline{x}) = 0$ ou $F(x)=0$. Si F est homogène, il suffit pour cela qu'on ait $F(x)=0$ pour un système de coorsdonnées homogènes. Si $F = F_0 + F_1 + ... + F_r$ avec F_i homogène de degré i, il faut et il suffit qu'on ait $F_i(x) = 0$ pour tout i.*

Définition 1.2.16 *Soit S une partie quelconque de $\mathbb{K}[X_1,...,X_n]$. On pose :*

$$V_p(S) = \{x \in \mathbb{P}^n \mid \forall F \in S, \ F(x) = 0\}.$$

On dit que $V_p(S)$ est l'ensemble algébrique projectif défini par S.

Exemple 1.2.17

1. On a $V_p(\{0\}) = \mathbb{P}^n$.

2. Si $n = 0$, les courbes projectives planes sont définies par des équations homogènes : $Y^2T - X^3 = 0$, $X^4 + Y^4 + T^4 = 0$

Idéal d'un ensemble algébrique projective

Définition 1.2.18 *Un idéal $I \subset \overline{\mathbb{K}}[X]$ est dit homogène s'il est généré par des polynômes homogènes. On définit l'idéal homogène $I(V)$ d'un ensemble algébrique projective V, l'idéal dans $\overline{\mathbb{K}}[X]$ généré par*

$$\{f \in \overline{\mathbb{K}}[X], \ f \text{ est homogne et } f(P) = 0, \forall P \in V\}.$$

1.2.3 Variétés affines et variétés projectives

Définition 1.2.19 *Un ensemble algébrique affine V est dit variété affine si $I(V)$ est un idéal premier sur $\overline{\mathbb{K}}[X]$ (où $I(V)$ est l'idéal de V).*

Définition 1.2.20 *Soit $V/\mathbb{K}$ une variété affine définie sur le corps $\mathbb{K}$. On définie l'anneau de coordonnées de $V/\mathbb{K}$*

$$\mathbb{K}[V] = \frac{\mathbb{K}[X]}{I(V/\mathbb{K})}.$$

Remarque 1.2.21 *Soit V une variété affine définie par l'unique équation polynômiale*

$$f(X_1,...,X_n) = 0.$$

On dit que V est lisse où non singulière si

$$\frac{\partial f}{\partial X_i}(P) \neq 0, \ 1 \leq i \leq n.$$

Dans toute la suite, on parlera uniquement de variété lisse.

Définition 1.2.22 *De la même manière que dans la section précédente, on dit qu'un ensemble algébrique projective V est une variété projective si son idéal homogène $I(V)$ est premier dans $\overline{\mathbb{K}}[X]$.*

Remarque 1.2.23 *Dans la suite de ce mémoire, on parlera des courbes hyperelliptiques vues comme des variétés algébriques.*

Chapitre 2

Les Courbes Hyperelliptiques

Ce chapitre est consacré à une étude élémentaire des courbes hyperelliptiques [Men-Hon-Zuc].

2.1 Définitions et propriétés :

Soit $\mathbb{K}$ un corps et soit $\overline{\mathbb{K}}$ sa clôture algébrique.

Une courbe hyperelliptiques $\mathcal{C}$ de genre g sur $\mathbb{K}$ $(g \geq 1)$ est une équation de la forme :

$$y^2 + h(x)y = f(x) \quad \in \mathbb{K}[x,y], \tag{1}$$

où : $\begin{cases} \text{h(x)} \in \mathbb{K}[x] & \text{est un polynôme de degré au maximum } g. \\ \text{f(x)} \in \mathbb{K}[x] & \text{est un polynôme de degré } (2g+1). \end{cases}$

et tel qu'il n' y a aucune solution $(x,y) \in \overline{\mathbb{K}} \times \overline{\mathbb{K}}$, qui satisfait simultanément l'équations :

$$y^2 + h(x)y = f(x)$$

et les équations aux dérivées partielles respectivement par rapport à x et y

suivantes : $\begin{cases} h'(x)y - f'(x) = 0 & (2) \\ 2y + h(x) = 0 & (3) \end{cases}$

Remarque 2.1.1 *Un point singulier sur* $\mathcal{C}$ *est une solution* (x,y) *qui satisfait à la fois les équations* (1) *,* (2) *et* (3)*.*

Lemme 2.1.2 *Soit C une courbe hyperelliptique sur $\mathbb{K}$ définie par l'équation (1).*

1. *Si $h(x) = 0$ alors $char(\mathbb{K}) \neq 2$.*

2. *Si $char(\mathbb{K}) \neq 2$, alors le changement de variable :* $\begin{cases} x \to x \\ y \to y - \frac{h(x)}{2} \end{cases}$
   transforme C à la forme : $y^2 = f(x)$ où $\deg_x f = 2g + 1$.

3. *Soit C d'équation de la forme (1) avec $h(x) = 0$ et $char(\mathbb{K}) \neq 2$.*
   Alors C est une courbe hyperelliptique si et seulement si $f(x)$ n'admet pas de racine multiple dans $\overline{\mathbb{K}}$.

Démonstration :

1. Supposons que $h(x) = 0$ et $char(\mathbb{K}) = 2$.

   Alors l'équation au dérivée partielle par rapport à x nous donne :
   $f'(x) = 0$ où $\deg_x f'(x) = 2g$.

   Soit $\alpha \in \overline{\mathbb{K}}$ une racine de l'équation $f'(x) = 0$. Et soit $\beta \in \overline{\mathbb{K}}$ une racine de l'équation : $y^2 = f(x)$. Alors le point (α, β) est un point singulier de C et parsuite $char(\mathbb{K}) \neq 2$.

2. En appliquant le changement de variable, l'équation (1) se transforme en :
$$(y - \frac{h(x)}{2})^2 + h(x)(y - \frac{h(x)}{2}) = f(x).$$
   D'où
$$y^2 = f(x) + \frac{h(x)^2}{4},$$
   avec $\deg_x(f + \frac{h^2}{4}) = 2g + 1$.

3. Un point singulier (α, β) sur C doit satisfaire :
$$\beta^2 = f(\alpha) \ , \ 2\beta = 0 \text{ et } f'(\alpha) = 0.$$

Alors $\beta = 0$ et α sont des racines multiples du polynôme $f(x)$ $\square$

Définition 2.1.3 *(Points rationnels, points à l'infini et points finies)*
Soit L une extension de corps $\mathbb{K}$. L'ensemble des L-points rationnels sur C,

noté $\mathcal{C}(L)$, est l'ensemble de tous les points $P = (x, y) \in L \times L$ qui satisfaient l'équation (1) de la courbe $\mathcal{C}$. Le point à l'infini, est l'unique point vérifiant l'équation homogène de la courbe hyperelliptique. Si $g \geq 2$ alors P_∞ est un point singulier projectif. Les points sur $\mathcal{C}$ autres que le point à l'infini sont appelés points finis.

Exemple 2.1.4 *Nous présentons ci-dessous les graphes, sur le corps des nombres réels $\mathbb{R}$, de deux courbes hyperelliptiques, de genre $g = 3$ et tel que $h(x) = 0$ (Voir respectivement Fig-1- et Fig-2-).*

$$\mathcal{C}_1 \; : \; y^2 = x^5 + x^4 - x^2 - x = x(x-1)(x+1)(x^2+x+1)$$

$$\mathcal{C}_2 \; : \; y^2 = x^5 - 5x^3 + 4x = x(x-1)(x+1)(x-2)(x+2)$$

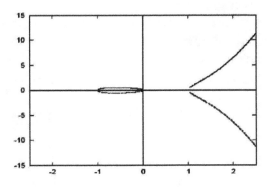

$Fig-1-$

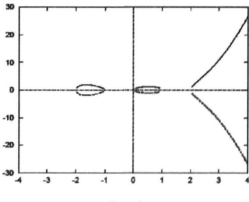

$$Fig - 2-$$

Définition 2.1.5 *(Opposé d'un point, point spécial et ordinaire)*
Soit $P = (x, y)$ un point fini sur C. L'opposé de P est donné par l'involution hyperelliptique $\imath(P) = \tilde{P} = (x, -y - h(x))$. On définit aussi l'opposé de point à l'infini P_∞ par : $\tilde{P}_\infty = P_\infty$. Si un point fini P satisfait $P = \tilde{P}$ alors le point est appelé point spécial où point de ramification; sinon on parle de point ordinaire.

Exemple 2.1.6 *(Courbes hyperelliptique sur $\mathbb{Z}_7$) Soit la courbe définie sur le corps finie $\mathbb{Z}_7$ par l'équation :*

$$\mathcal{C} \ : \ y^2 + xy = x^5 + 5x^4 + 6x^2 + x + 3.$$

L'équation de cette courbe est définie tel que :

$$h(x) = x.$$

$$f(x) = x^5 + 5x^4 + 6x^2 + x + 3 \ .$$

$$g = 2.$$

On peut vérifier que C n'admet pas de points singuliers (autre que le point à l'infini)

L'ensemble des points rationnels de $\mathcal{C}$ *définie sur* $\mathbb{Z}_7$ *est :*

$$\mathcal{C}(\mathbb{Z}) = \{\infty, (1,1), (1,5), (2,2), (2,3), (5,3), (5,6), (6,4)\}$$

Le point $(6,4)$ *est un point spécial.*

2.2 Polynômes et Fonctions rationnelles :

Dans cette section nous allons énoncer les propriétés élementaires des polynômes et des fonctions rationnelles vues comme fonctions sur les courbes hyperelliptiques.

Définition 2.2.1 *(l'anneau des coordonnées)*
L'anneau des coordonnées de la courbe $\mathcal{C}$ *sur le corps* $\mathbb{K}$, *noté* $\mathbb{K}[\mathcal{C}]$ *est l'anneau quotient :*

$$\mathbb{K}[\mathcal{C}] = \mathbb{K}[x,y]/(y^2 + h(x)y - f(x)),$$

où : $(y^2 + h(x)y - f(x))$ *est l'idéal dans* $\mathbb{K}[x,y]$ *généré par le polynôme*

$$y^2 + h(x)y - f(x).$$

De même, l'anneau des coordonées de $\mathcal{C}$ *sur* $\overline{\mathbb{K}}$ *est défini par :*

$$\overline{\mathbb{K}[\mathcal{C}]} = \overline{\mathbb{K}}[x,y]/(y^2 + h(x)y - f(x)).$$

Un élément de $\overline{\mathbb{K}[\mathcal{C}]}$ *est appelé un polynôme sur* $\mathcal{C}$.

Lemme 2.2.2 *Le polynôme* $r(x,y) = y^2 + h(x)y - f(x)$ *est irréductible sur* $\overline{\mathbb{K}}$.

Démonstration :
Si $r(x,y)$ est réductible sur $\overline{\mathbb{K}}$, on peut donc le factoriser sous la forme :

$$(y - a(x))(y - b(x)) \quad \text{où} : \ a,b \in \overline{\mathbb{K}}[x]$$

Or

$$deg_x(a.b) = deg_x f = 2g + 1$$

et

$$deg_x(a+b) = deg_x h \le g.$$

Ce qui contredit l'hypothèse $\square$

Notons que pour tout polynôme G(x,y)$\in \overline{\mathbb{K}}[\mathcal{C}]$, on peut remplacer tout occurrence de y^2 par :

$$f(x) - h(x)y$$

Pour obtenir une représentation :

$$G(x,y) = a(x) - b(x)y,$$

où $a(x), b(x) \in \overline{\mathbb{K}}[x]$. On peut vérifier que cette représentation de $G(x,y)$ est unique.

Définition 2.2.3 *(Conjugués)*
Soit $G(x,y) = a(x) - b(x)y$ *, un polynôme dans* $\overline{\mathbb{K}}[\mathcal{C}]$. *Le conjugué de* $G(x,y)$ *est défini comme étant le polynôme :*

$$\overline{G}(x,y) = a(x) + b(x)(h(x) + y).$$

Définition 2.2.4 *(Norme)*
Soit $G(x,y) = a(x) - b(x)y$, *un polynôme dans* $\overline{\mathbb{K}}[\mathcal{C}]$. *La norme de G est une fonction polynômiale définie par* $N(G) = G\overline{G}$.

Lemme 2.2.5 *(Propriété de la norme) Soient* $G, H \in \overline{\mathbb{K}}[\mathcal{C}]$ *deux polynômes. On a*

1. $N(G) \in \overline{\mathbb{K}}[x]$.

2. $N(\overline{G}) = N(G)$.

3. $N(GH) = N(G).N(H)$

Définition 2.2.6 *(Corps de fonctions, fonctions rationnelles)*
Le corps de fonctions $\mathbb{K}(\mathcal{C})$ *de* $\mathcal{C}$ *sur* $\mathbb{K}$ *est le corps des fractions de* $\mathbb{K}[\mathcal{C}]$. *De même le corps de fonctions de* $\overline{\mathbb{K}(\mathcal{C})}$ *de* $\mathcal{C}$ *sur* $\overline{\mathbb{K}}$ *est le corps des fractions de* $\overline{\mathbb{K}}[\mathcal{C}]$. *Les éléments sont appelés fonctions rationnelles de* $\mathcal{C}$. *Notons que* $\overline{\mathbb{K}}[\mathcal{C}]$ *est un sous anneau de* $\overline{\mathbb{K}}(\mathcal{C})$.

Définition 2.2.7 *(Valeur d'une fonction rationnelle en un point fini)*
Soit $R \in \overline{\mathbb{K}}(\mathcal{C})$ et soit $P \in \mathcal{C}$, $P \neq P_\infty$.
Alors R est définie en P s'il existe deux polynômes $G, H \in \overline{\mathbb{K}}[\mathcal{C}]$ tels que :

$$R = \frac{G}{H}$$

et

$$H(P) \neq 0$$

S'il n'existe pas de $G, H \in \overline{\mathbb{K}}[\mathcal{C}]$ vérifiant ces conditions, alors R n'est pas définie en P. Si R est définie en P, la valeur de R en P est donnée par :

$$R(P) = \frac{G(P)}{H(P)}$$

Définition 2.2.8 *(Degré d'un polynôme)*
Soit $G(x, y) = a(x) - b(x)y$, un polynôme sur $\overline{\mathbb{K}}[\mathcal{C}]$ différent du polynôme nul. Le degré de G est défini par :

$$\deg G = max[2deg_x\,(a),\; 2g + 1 + 2deg_x(b)].$$

Lemme 2.2.9 *(Propriétés de degré)*
Soient G, $H \in \overline{\mathbb{K}}[C]$, on a les égalités suivantes

1. $deg(G) = deg_u(N(G))$

2. $deg(GH) = deg(G) + deg(H)$

3. $deg(G) = deg(\overline{G})$

Démonstration :

1. Soit $G = a(x) - b(x)y$

   La norme de G est $N(G) = a^2 + abh - b^2 f$.

   Soient $d_1 = deg_x(h(x))$ et $d_2 = deg(b(x))$.

   D'après la définition d'une courbe hyperelliptique on a

   $$deg_x(h(x)) \leq g,$$

et

$$deg_x(f(x)) = 2g + 1.$$

Et on peut donc distinguer deux cas :

1er cas

Si $2d_1 > 2g + 1 + 2d_2$ alors $2d_1 \geq 2g + 2 + 2d_2$ d'où $d_1 \geq g + 1 + d_2$
donc

$$deg_x(a^2) = 2d_1 \geq d_1 + g + 1 + d_2 > d_1 + d_2 + g \geq deg_x(abh).$$

2ème cas

Si $2d_1 < 2g + 1 + 2d_2 alors 2d_1 \leq 2g + 2d_2$ d'où $d_1 \leq g + 2d_2$.
Donc

$$deg_x(abh) \leq d_1 + d_2 + g \leq 2g + 2d_2 < 2g + 2d_2 + 1 = deg_x(b^2f)$$

On peut donc conclure que

$$deg_x(N(G)) = max(2d_1, 2g + 1 + 2d_2) = deg(G)$$

2. On a

$$deg(GH) = deg_x(N(GH))$$
$$= deg_x(N(G).N(H))$$
$$= deg_x(N(G)) + deg_x(N(H))$$
$$= deg(G) + deg(H).$$

3. On a

$$N(G) = N(\overline{G}).$$

et

$$deg(G) = deg_x(N(G)) = deg_x(N(\overline{G})) = deg(\overline{G}) \qquad \square$$

Définition 2.2.10 *(Valeur d'une fonction rationnelle à l'infini)*
Soit $R = \frac{G}{H} \in \overline{\mathbb{K}}(\mathcal{C})$ une fonction rationnelle.

1. *Si $deg(G) < deg(H)$ alors la valeur de R à l'infini est définie par $R(P_\infty) = 0$.*

2. *Si $deg(G) > deg(H)$ alors R n'est pas définie à l'infini.*

3. *Si $deg(G) = deg(H)$ alors la valeur de R à l'infini est définie par être le ratio du coefficient dominant de G et H.*

2.3 Zéros et pôles :

Définition 2.3.1 *(Zéros et pôles)*
Soit $R \in \overline{\mathbb{K}}(C)^*$ et soit $P \in \mathcal{C}$.

- *Si $R(P) = 0$ alors R admet un zéro en P.*
- *Si R n'est pas définie en P alors elle admet un pôle en P*
  (dans ce cas $R(P) = \infty$).

Lemme 2.3.2 *Soient $G \in \overline{\mathbb{K}}(\mathcal{C})^*$ et $P \in C$. On a si $G(P) = 0$ alors $\overline{G}(\tilde{P}) = 0$.*

Démonstration :
Soit $G = a(x) + b(x)(y + h(x))$ et soit $P = (x,y)$.
Alors on a

$$\overline{G}(\tilde{P}) = a(x) + b(x).(y + h(x))$$

$$= a(x) - y.b(x)$$

$$= G(P)$$

$$= 0. \quad \square$$

Lemme 2.3.3 *Soit $P = (x_0, y_0)$ un point de $\mathcal{C}$. Supposons que $G = a(x) + b(x)(y + h(x)) \in \overline{\mathbb{K}}(C)^*$ admet un zéro en P et que x_0 n'est pas une racine de $a(x)$ et de $b(x)$.*
Alors $\overline{G(P)} = 0$ si et seulement si P est un point spécial.

Démonstration :

- Si P est un point spécial alors $\overline{G}(P) = 0$ d'après le lemme 2.3.2.

- Réciproquement supposons que P est un point ordinaire.

Si $\overline{G}(P) = 0$ alors on a :

$$a(x_0) - b(x_0)y_0 = 0 \qquad (1)$$

$$a(x_0) + b(x_0)(h(x_0) + y_0) = 0 \qquad (2)$$

En soustractant les deux équations, on obtient

$$b(x_0) = 0 \quad et \quad a(x_0) = 0$$

Ce qui contredit l'hypothèse que

$$a(x_0) \neq 0 \text{ et } b(x_0) \neq 0.$$

Donc si $\overline{G}(P) = 0$ alors P est un point spécial. $\square$

Lemme 2.3.4 *Soit $P = (x_0, y_0)$ un point ordinaire de $\mathcal{C}$.*
Et soit $G = a(x) - b(x)y \in \overline{\mathbb{K}}(C)^*$. Supposons que $G(P) = 0$ et x n'est pas une racine de $a(x)$ et de $b(x)$.
Alors, on peut mettre G sous la forme $(x - x_0)^p S$, où p est la plus grande puissance de $(x - x_0)$ qui divise $N(G)$ et $S \in \overline{\mathbb{K}}(C)$ n'admet en P ni un zéro, ni un pôle.

Démonstration :

On peut écrire
$$G = G.\frac{\overline{G}}{\overline{G}} = \frac{N(G)}{\overline{G}} = \frac{a^2 + abh - b^2 f}{a + b(h + y)}.$$

Soit $N(G) = (x - x_0)^p d(x)$, où p est la plus grande puissance de $(x - x_0)$ qui divise $N(G)$ or $d(x) \in \overline{\mathbb{K}}[C]^*$.

D'après le lemme 2.3.4, $(x - x_0)$ qui divise $N(G)$ et $\overline{G}(P) \neq 0$.

Soit $S = \frac{d(x)}{\overline{G}}$ alors $G = (x - x_0)^p \frac{d(x)}{\overline{G}}$ et $S(p) \neq 0, \infty$ $\square$

Lemme 2.3.5 *Soit $P = (x_0, y_0)$ un point spécial de $\mathcal{C}$. Alors on peut écrire $(x - x_0)$ sous la forme :*

$$(y - y_0).S(x, y),$$

où $S(x, y) \in \overline{\mathbb{K}}(C)$ et S n'admet en P ni un pôle, ni un zéro.

Démonstration :

Soit $H = (y - y_0)^2$ et $S = \frac{(x - x_0)}{H}$.

On peut voir que : $S(P) \neq 0, \infty$.

Puisque P est un point spécial : $2y_0 + h(x_0) = 0$

Et par conséquence : $h'(x_0).y_0 - f'(x_0) \neq 0$ (P n'est pas singulier)

Aussi on a

$$
\begin{aligned}
f(x_0) &= y_0^2 + h(x_0).y_0 \\
&= y_0^2 + (-2y_0)(y_0) \\
&= -y_0^2 \\
H(x, y) &= (y - y_0)^2 \\
&= y^2 - 2y_0 y + y_0^2 \\
&= f(x) - h(x).y - 2y_0 y + y_0^2.
\end{aligned}
$$

Donc $\frac{1}{S(x,y)} = (\frac{f(x)+y_0^2}{(x-x_0)}) - y.(\frac{h(x)+2y_0}{x-x_0})$ $\square$

Théorème 2.3.6 *(Paramétrisation uniforme) [Men-Hon-Zuc]*

Soit $P \in C$. Il existe une fonction $U \in \overline{\mathbb{K}}(C)$ avec $U(P) = 0$, vérifiant les propriétés suivantes : Pour tout polynôme $G \in \overline{\mathbb{K}}[C]^*$, il existe un entier d et une fonction $S \in \overline{\mathbb{K}}(C)$ tel que $S(P) \neq 0, \infty$ et $G = U^d.S$. De plus, le nombre d ne dépend pas de choix de U. La fonction U est appelé "paramétrisation uniforme" de P.

Définition 2.3.7 *(Ordre en un point)*

1. *Soit $G \in \overline{\mathbb{K}}[\mathcal{C}]^*$ et $P \in \mathcal{C}$. Soit $U \in \overline{\mathbb{K}}(\mathcal{C})$ une paramétrisation uniforme pour P, et écrivons $G = U^d.S$ où $S \in \overline{\mathbb{K}}(C)$, $S(P) \neq 0, \infty$. L'ordre de G en P est défini par : $ord_P(G) = d$.*

2. Soient $R = \frac{G}{H} \in \overline{\mathbb{K}}(C)^*$ et $P \in C$. L'ordre de R en P est défini par :
$ord_P(R) = ord_P(G) - ord_P(H)$.

Lemme 2.3.8 Soient $G_1, G_2 \in \overline{\mathbb{K}}[C]^*$ et $P \in C$.
Soient $ord_P(G_1) = r_1$ et $ord_P(G_2) = r_2$. On a

1. $ord_P(G_1 G_2) = ord_P(G_1) + ord_P(G_2)$.

2. Supposons que : $G_1 \neq -G_2$.

 - Si $r_1 \neq r_2$ alors $ord_P(G_1 + G_2) = min(r_1, r_2)$.
 - Si $r_1 = r_2$ alors $ord_P(G_1 + G_2) \geq min(r_1, r_2)$.

Démonstration :

Soit U une paramétrisation uniforme pour P, d'après la définition précédente, on peut écrire :

$$G_1 = U^{r_1}.S_1$$

et

$$G_2 = U^{r_2}.S_2$$

où $S_1, S_2 \in \overline{\mathbb{K}}(C)$ et telle que $S_1(P) \neq 0, \infty$ $S_2(P) \neq 0, \infty$
Sans perdre de généralité, supposons que $r_1 \geq r_2$

1. On a $G_1 G_2 = U^{r_1+r_2}(S_1 S_2)$, et donc

$$ord_p(G_1 G_2) = r_1 + r_2.$$

2. On a $G_1 + G_2 = U^{r_2}(U^{r_1-r_2}S_1 + S_2)$.
 - Si $r_1 > r_2$ alors $(U^{r_1-r_2}.S_1)(P) = 0$, $S_2(P) \neq 0$.
 D'où

$$ord_P(G_1 + G_2) = r_2.$$

 - Si $r_1 = r_2$ alors $(S_1 + S_2)(P) \neq \infty$, ca reste vraie dans le cas ou dans le cas $(S_1 + S_2)(P) = 0$.
 Et

$$ord_P(G_1 + G_2) \geq r_2$$

$\square$

Définition 2.3.9 *Soit $G = a(x) - b(y)y \in \overline{\mathbb{K}}[\mathcal{C}]^*$ et $P \in \mathcal{C}$.*

L'ordre de G en P, noté $ord_P(G)$, est défini comme suit

1. *Soit $P = (x_0, y_0)$ un point fini et soit r la plus grande puissance de $(x - x_0)$ qui divise à la fois $a(x)$ et $b(x)$.*

   Ecrivons :

   $$G(x,y) = (x - x_0)^r(a_0(x) - b_0(x).y)$$

   Si $a_0(x) - b_0(x).y \neq 0$ alors soit $s = 0$, sinon on prend s la plus grande puissance de $(x - x_0)$ divisant

   $$N(a_0(x) - b_0(x).y) = a_0^2 + a_0 b_0 h - b_0^2 f.$$

   – *Si P est un point ordinaire alors on défini $ord_P(G) = r + s$.*

   – *Si P est un point spécial, on défini $ord_P(G) = 2r + s$.*

2. *Si $P = P_\infty$ alors*

   $$ord_P(G) = -max[2deg_x(a), 2g + 1 + 2deg_x(b)].$$

Lemme 2.3.10 *Les définitions 2.3.7 et définition 2.3.9 sont équivalentes.*

Ceci justifie que si l'on note $\overline{ord}$ l'ordre de la fonction de la définition 2.3.9 on a $ord_P(G) = \overline{ord}_P(G)$, $\forall P \in \mathcal{C}$ et $\forall G \in \overline{\mathbb{K}}[\mathcal{C}]^*$

Théorème 2.3.11 *Soit $G \in \overline{\mathbb{K}}[C]^*$. Alors G admet un nombre fini de zéros et de pôles. De plus, on a*

$$\sum_{P \in C} ord_P(G) = 0.$$

Démonstration :

Soit $n = deg\, G$ alors $deg_x(N(G)) = n$.

On peut écrire : $N(G) = G.\overline{G} = (x - x_1)(x - x_2)...(x - x_n)$ où $x_i \in \overline{\mathbb{K}}$ et les x_i ne sont pas nécessairement distincts.

L'unique pôle de G est : $P = P_\infty$ et $ord_\infty(G) = -n$.

Si $P = (x_i, y_i)$ est un point de $\mathcal{C}$ alors on a

$$ord_P(x - x_i) = 1,$$

et

$$ord_{\bar{P}}(x - x_i) = 1.$$

Si $P = (x_i, y_i)$ est un point spécial de $\mathcal{C}$ alors

$$ord_P(x - x_i) = 2.$$

Donc $N(G)$ et G admettent un nombre fini de zéros et de pôles. De plus on a

$$\sum_{P \in C - \{\infty\}} ord_P(N(G)) = 2n$$

D'où

$$\sum_{P \in C} ord_P(G) = 0.$$

$\square$

Chapitre 3

Jacobienne d'une courbe

3.1 Définition de la Jacobienne

3.1.1 Diviseurs sur une courbe

Soit $\mathcal{C}$ une courbe projective lisse définie sur un corps $\mathbb{K}$ algébriquement clos.

Définition 3.1.1 *Un diviseur de $\mathcal{C}$ est une somme formelle finie de points appartenant à $\mathcal{C}$. Ainsi, un diviseur s'écrit :*

$$D = \sum_{P_i \in C} n_i . P_i$$

où les n_i sont des entiers relatifs presque tous nuls.

L'ensemble des diviseurs est un groupe commutatif où la loi de groupe est l'addition formelle de points. Ce groupe est noté $Div(\mathcal{C})$. On écrit

$$D = \sum_{fini} n_p . P$$

et

$$D' = \sum_{fini} n'_p . P.$$

On a

$$D + D' = \sum_{fini} (n_p + n'_p) . P.$$

Définition 3.1.2 *(PGCD de deux diviseurs)*
Soient $D_1 = \sum_{P\in\mathcal{C}} m_P.P$ et $D_1 = \sum_{P\in\mathcal{C}} n_P.P$, deux diviseurs.
Le plus grand commun diviseur de D_1 et D_2 est définie par

$$PGCD(D_1,\ D_2) = \sum_{P\in\mathcal{C}} min(m_p,\ n_P)P - \sum_{P\in\mathcal{C}} min(m_p,\ n_P)\infty.$$

On peut remarquer que le $PGCD(D_1,\ D_2) \in Div^0(\mathcal{C})$.

Définition 3.1.3 *Le degré d'un diviseur est la somme de ses coefficients :*

$$deg(\sum_{P_i\in C} n_i.P_i) = \sum_{P_i\in C} n_i$$

Remarque 3.1.4

1. Le support d'un diviseur est un ensemble fini de points P_i pour lesquels le coefficient n_i est non nul.

2. Le degré est un homomorphisme de $Div(\mathcal{C})$ vers $\mathbb{Z}$. Le noyau de cet homomorphisme est l'ensemble des diviseurs de degré 0, noté $Div^0(C)$ qui est un sous-groupe de $Div(\mathcal{C})$.

3. On a $deg(D + D') = deg(D) + deg(D')$.

Définition 3.1.5 *Un diviseur effectif est un diviseur D dont tous les coefficients sont positifs. On note $D \geq 0$. Plus généralement, on définit la relation d'ordre partiel $\geq$ sur les diviseurs par*

$$D \geq D' \text{ si et seulement si } D - D' \geq 0.$$

3.1.2 Diviseurs principaux :

Les démonstrations des théorèmes énoncés dans cette section se trouvent dans [Ful]. Le corps de fonctions de la courbe $\mathcal{C}$ est l'ensemble des fonctions rationnelles de $\mathcal{C}$ vers $\mathbb{K}$. On le note $\mathbb{K}(C)$.

Théorème 3.1.6 *Deux courbes sont isomorphes si et seulement si elles ont deux corps de fonctions isomorphes.*

Soit P un point de la courbe $\mathcal{C}$. L'ensemble des fonctions de $\mathbb{K}(C)$ qui sont définies au point P, est un anneau de valuation discrète noté O_p. Son unique idéal maximal est l'ensemble des fonctions qui s'annulent en P. En chaque point, on peut associer à une fonction bien définie en ce point sa valuation, qui est un entier positif ou nul. Cette valuation peut être étendue aux fonctions qui ont un pôle au point considéré comme suit :

Définition 3.1.7 *Soit f une fonction non nulle de $\mathbb{K}(C)$ et soit P un point de $\mathcal{C}$. On définit la valuation en P de la fonction f, notée $ord_P(f)$ de la façon suivante :*

- *Si f est définie en P et $f(P) \neq 0$ alors $v_P(f) = ord_P(f) = 0$*
- *Si f est définie en P et $f(P) = 0$ alors $v_P(f) = ord_P(f)$*
- *Si f a un pôle en P alors $- v_P(\frac{1}{f}) = ord_P(f)$*
    où v_P est la valuation de l'anneau local O_P.

Intuitivement, la valuation d'une fonction en un point mesure la multiplicité de zéro de la fonction. Géométriquement, cela correspond à la tangente entre la courbe $\mathcal{C}$ et la courbe $f = 0$ (voir Fig -3-).

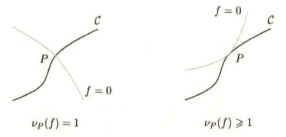

$$\nu_P(f) = 1 \qquad\qquad \nu_P(f) \geqslant 1$$

$$Fig - 3-$$

Théorème 3.1.8 *Soit f une fonction non nulle de $\mathbb{K}(C)$.*
Alors les points P pour lesquels $ord_P(f)$ est non nul sont en nombre fini. De plus, le diviseur

$$div(f) = \sum_{P_i \in C} ord_{P_i}(f).P_i$$

est de degré zéro, i.e $\sum_{P_i \in C} ord_{P_i}(f) = 0$.

Une fonction rationnelle a donc autant de zéros que des pôles et on a $div(f) \in Div^0(\mathcal{C})$.

Remarque 3.1.9 *Soient* $f \in \mathbb{K}(\mathcal{C})$ *et* f *nonnulle.*
Soit

$$Z(f) = \sum_{ord_P(f) > 0} ord(f).P$$

et

$$P(f) = \sum_{ord_P(f) < 0} -ord_P(f).P$$

respectivement les diviseurs des zéros et des pôles de f.
Alors

$$div(f) = Z(f) - P(f).$$

On note aussi : $Z(f) = (f)_0$ et $P(f) = (f)_\infty$.
On a les propriétés suivantes

$$\begin{aligned} div(f.f') &= div(f) + div(f') \\ div(f^{-1}) &= -div(f). \end{aligned}$$

Définition 3.1.10 *Un diviseur principal de* $\mathcal{C}$ *est un diviseur* D *tel qu'il existe une fonction* f *pour laquelle :* $D = div(f)$. *L'application div est un homomorphisme du groupe multiplcatifs des fonctions non nulles de* $\mathbb{K}(C)$ *vers les diviseurs de degrés* 0 *sur* $\mathcal{C}$.

L'ensemble des diviseurs principaux est donc un sous-groupe des diviseurs de degré 0. On le note $P_r(C)$. Soit f une fonction, on découpe souvent $div(f)$ en la différence de deux diviseurs effectifs :

$$div(f) = div_0(f) - div_\infty(f),$$

où $div_0(f)$ correspond à l'intersection de $\mathcal{C}$ avec la courbe $f = 0$ et $div_\infty(f)$ avec $\frac{1}{f} = 0$. En général, les diviseurs de degré 0 ne sont pas tous principaux.

Exemple 3.1.11

1. On a $div(f) = P_1 + P_2 + P_3 + P_4 - (2Q_1 + 2Q_2)$ (Fig-4-).

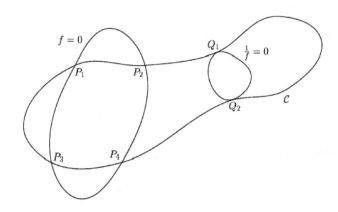

$$Fig - 4-$$

2. Sur $\mathbb{P}^1$, tout diviseur de degré 0 est principal. En effet supposons que

$$D = \sum_{n_P} n_P.P$$

est degré 0 et $P = [\alpha_P, \beta_P] \in \mathbb{P}^1$. On a donc D est le diviseur de la fonction

$$f(X,Y) = \prod_{P \in \mathbb{P}^1} (\beta_P X - \alpha_P Y)^{n_P}$$

et $f(X,Y) \in \mathbb{K}(\mathbb{P}^1)$ car $\sum n_P = 0$. D'où on a construit un isomorphisme $deg : Pic(\mathbb{P}^1) \to \mathbb{Z}$.

3.1.3 Jacobienne d'une courbe

Définition 3.1.12 *La Jacobienne de $\mathcal{C}$ est le groupe des diviseurs de degré zéro quotienté par les diviseurs principaux :*

$$Jac(C) = Div^0(C)/Pr(C)$$

ou encore c'est le groupe de Picard : $Jac(\mathcal{C}) = Pic(\mathcal{C})$.

Définition 3.1.13 *Deux diviseurs D et D' qui sont dans la même classe sont dits linéairement équivalents. On note : $D \equiv D'$ oubien ($D \sim D'$). Il existe donc $f \in \mathbb{K}(\mathcal{C})$ tel que*

$$D' = D + div(f).$$

Proposition 3.1.14 *1. La relation $\equiv$ est une relation d'équivalence*

2. On a $D \equiv 0$ si et seulement si $D = div(f)$, où $f \in \mathbb{K}(C)$.

3. Si $D \equiv D'$ alors $deg(D) = deg(D')$.

4. Si $D \equiv D'$ et $D_1 \equiv D_1'$ alors $D + D_1 \equiv D' + D_1'$.

5. Soit $\mathcal{C}$ une courbe plane (où algébrique) alors ($D \equiv D'$) si et seulement s'il existe deux fonctions (courbes) f et f' de même degré telles que

$$D + div(f) = D' + div(f').$$

Soit donc $\mathbb{K}$ un corps quelconque (non nécessairement algébriquement clos) contenant les coefficients de l'équation de la courbe $\mathcal{C}$ et soit $\overline{\mathbb{K}}$ une clôture algébrique de $\mathbb{K}$. De manière générale, on dira qu'un objet est défini sur $\mathbb{K}$ s'il est invariant sous l'action du groupe de Galois, mais cela ne signifie pas que tous les points qui le composent sont définis sur $\mathbb{K}$.

Une fonction est définie sur $\mathbb{K}$ si ses coefficients sont dans $\mathbb{K}$ et il s'ensuit immédiatement que le diviseur d'une fonction sur $\mathbb{K}$ est défini sur $\mathbb{K}$. On note avec l'indice $\mathbb{K}$, tout ensemble d'objets définis sur $\mathbb{K}$: $Div_{\mathbb{K}}^0(C)$, $Pr_{\mathbb{K}}(C)$.

Théorème 3.1.15 *Soient $\mathcal{C}$ une courbe définie sur $\mathbb{K}$ possédant un point défini sur $\mathbb{K}$ et D un diviseur de degré 0 sur $\mathbb{K}$. S'il existe un diviseur principal $div(f)$ défini sur $\overline{\mathbb{K}}$ tel que $D' = D + div(f)$. Soit défini sur $\mathbb{K}$ alors il existe une fonction $\mathcal{F}$ définie sur $\mathbb{K}$ telle que $div(f) = div(\mathcal{F})$.*

Donc sur un corps algébriquement clos, on peut donner la définition suivante.

Définition 3.1.16 *Un diviseur D défini sur* $\mathbb{K}$ *est dit* **premier** *si :*

1. *On a D est effectif.*

2. *Pourtant D′ effectif, défini sur* $\mathbb{K}$ *et* $D' \leq D$ *alors D′ est nul où égal à D.*

Remarque 3.1.17   *1. Les diviseurs premiers sont en fait les sommes de tous des conjugués d'un point défini sur une extension de* $\mathbb{K}$.

2. *Dans le cas d'un corps algébriquement clos les diviseurs premiers sont exactement les points de la courbe .*

3. *Soit* $\mathcal{C}$ *une courbe définie sur* $\mathbb{K}$; $D^\sigma = D$ *pour tout* $\sigma \in G(\overline{\mathbb{K}}/\mathbb{K})$.

4. *De même si* $\sigma \in G_{\overline{\mathbb{K}}/\mathbb{K}}$ *on a div(f^σ) = div(f)$^\sigma$*

Exemple 3.1.18 *Considérons la courbe sur* $\mathbb{Q}$ *d'équation (Fig -5-)*
$y^2 + xy + 2y = x^3 + x^2 - 3x - 1$. *Il s'agit d'une courbe elliptique mise sous la forme de Weierstrass. Son allure lorsque l'on trace sur* $\mathbb{R}$ *est la suivante*

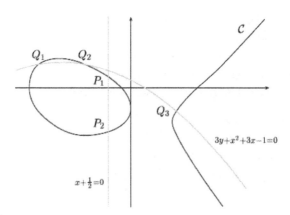

$Fig-5-$

Pour illustrer les définitions précédentes, il est nécessaire d'avoir une courbe projective. On rajoute donc le point à l'infini, note P_∞ qui complète notre courbe affine en une courbe projective $\mathcal{C}$. Il est facile de vérifier que $\mathcal{C}$ est lisse, même en P_∞. La plupart du temps on opère comme suit ainsi : On travaille avec des modèles affines de courbes planes et l'on manipule les points à l'infini formellement. Soient P_1 et P_2 les deux points de $\mathcal{C}$ de coordonnées :

$$P_1 = (\frac{-1}{2}; \frac{-3+\sqrt{19}}{4}) \text{ et } P_2 = (\frac{-1}{2}; \frac{-3-\sqrt{19}}{4})$$

Ces deux points sont conjugués sur $\mathbb{Q}$ et le diviseur $D = P_1 + P_2$ est un diviseur premier de degré 2 défini sur $\mathbb{Q}$.

Soit la fonction f sur $\mathbb{C}$ définie par : $f = \frac{3y+x^2+3x-1}{x+\frac{1}{2}}$

La courbe qui correspond à l'annulation du numérateur coupe $\mathcal{C}$ en les trois points $Q_1 = (-2,1)$; $Q_2 = (-1,1)$ et $Q_3 = (1,-1)$. Celle qui correspond au dénominateur coupe $\mathcal{C}$ en P_1 et P_2. .

Si l'on tient compte des intersections à l'infini. On obtient ainsi :

$$div(f) = Q_1 + Q_2 + Q_3 - P_1 - P_2 - \infty$$

Par exemple, les deux diviseurs de degré 0 suivants sont linéairement équivalents :

$$P_1 + P_2 - Q_1 - Q_2 \sim Q_3 - \infty.$$

3.1.4 Théorème de Riemann-Roch

Le théorème de Riemann-Roch est un outil trés important pour l'étude des courbes algébriques. Il permet de définir le genre de la courbe qui est un invariant fondamental et il fournit l'existence de représentant dans chaque classe de la jacobienne. Une démonstration de ce théorème est donnée dans [Ful] et [Sti].

Définition 3.1.19 *Soit $\mathcal{C}$ une courbe définie sur $\mathbb{K}$ et D un diviseur sur $\mathbb{K}$. L'espace $L(D)$ est l'ensemble des fonctions de $\mathbb{K}(\mathcal{C})$ dont le diviseur est plus grand que $-D$:*

$$L(D) = \{f \in \mathbb{K}(\mathcal{C}),\ f \neq 0,\ div(f) \geq -D\}.$$

Lemme 3.1.20 *Soit D un diviseur. Si l'on adjoint la fonction nulle, l'espace L(D) est un espace vectoriel de dimension finie. Sa dimension est noté $l(D)$.*

Théorème 3.1.21 *(Riemann-Roch) Soit C une courbe sur un corps $\mathbb{K}$. Il existe un entier g et un diviseur W tels que pour tout diviseur D, on a*

$$l(D) = deg(D) + 1 - g + l(W - D).$$

L'entier g est appelée le genre de la courbe et W est dit un diviseur canonique de $\mathcal{C}$.

Pour une courbe donnée, un diviseur canonique peut être calculé. Grâce au théorème de Riemann-Roch, on peut donner une valeur exacte de $l(D)$. Toutefois dans de nombreux cas, il suffit de minorer le terme $l(W - D)$ par zéro pour obtenir ce qu'on veut. Cette forme de résultat un peu plus faible porte le nom de théorème de Riemann.

Conclusion

L'étude géométrique des courbes hyperelliptiques et de leurs jacobiennes nous conduit à chercher une vision algébrique de ces objets dans le but de définir une structure de groupe convenable dont nous nous interéssons dans le prochain chapitre. En fait, cette approche est utile de point de vue cryptographique, et s'avère être nécessaire, si l'on cherche une implémentation pratique.

Chapitre 4

Loi de groupe dans la jacobienne

Dans ce chapitre, nous allons introduire les méthodes connues pour calculer efficacement dans les jacobiennes de courbes hyperelliptiques et on ne traîtera que le cas des courbes n'admettant qu'un seul point à l'infini (modèle imaginaire).

4.1 Réduction des diviseurs

La première chose qu'on fait lorsque on procède à faire des calculs dans un groupe, est de trouver une représentation adéquate de ses éléments. L'idée la plus naturelle est de se fixer un point rationnelle P_∞ sur la courbe. Puis utiliser les théorèmes que nous allons énoncer dans cette section afin d'avoir un représentant de la classe de diviseur que l'on veut manipuler.

On peut alors stocker tous les points qui définissent ce diviseur grâce à leurs coordonnées.

Dans le cas où la courbe $\mathcal{C}$ n'a qu'un seul point à l'infini, c'est un candidat naturel qui joue le rôle de P_∞.

Revenons à la jacobienne de $\mathcal{C}$ qui est un groupe de classes. Le problème qui se pose est de trouver un représentant canonique pour chaque classe. Le théorème suivant donne déja l'existence d'une forme agréable d'un représentant :

Théorème 4.1.1 *Soit P_∞ un point de la courbe C fixé à l'avance. Pour tout diviseur D de degré zéro, il existe un diviseur effectif E de degré $r \leq g$, ne contenant pas P_∞ et tel que :*

$$D \sim E - rP_\infty.$$

Démonstration :

Considérons le diviseur $D' = D + gP_\infty$ de degré g. Le théorème de Riemman-Roch donne $l(D) = 1 + l(W - D') \geq 1$ et assure donc l'existence d'une fonction f non nulle telle que $div(f) + D' \geq 0$. Notons E' le diviseur effectif $div(f) + D'$. On a $D + div(f) = E' - gP_\infty$. Donc

$$D \sim E' - gP_\infty.$$

□

En prenant en compte du fait qu'il faut éliminer les éventuels P_∞ intervenant dans E', on a le résultat.

Théorème 4.1.2 *Soit P_∞ un point de la courbe C fixé à l'avance. Pour tout diviseur D de degré zéro, il existe un unique diviseur effectif E de degré minimal m, ne contenant pas P_∞, et tel que*

$$D \sim E - mP_\infty.$$

Un tel diviseur minimal est appelé un diviseur réduit., L'entier m est appelé le poids du diviseur.

Démonstration :

L'existence d'un tel diviseur est assuré par le théorème précédent.

Si $m = 0$ alors D est principal. Nous allons prouver l'unicité dans le cas où $m \geq 1$.

Soit $D_0 = E - mP_\infty$ une représentation de D avec m minimal. Montrons d'abord que $l(E) = 1$. Supposons que $l(D_0 + (m-1)P_\infty)$ soit non nul. Alors il existe une fonction f telle que $div(f) + D_0 + (m-1)P_\infty = E' \geq 0$,. Donc $E' - (m-1)P_\infty$ est une représentation de poids $(m-1)$ de D. Ce qui contredit la minimalité de m. D'où $l(D_0 + (m-1)P_\infty) = 0$. Le fait de rajouter un point

à un diviseur augmente la dimension de l'espace $L(D)$ associé au plus d'une unité. Donc $l(D_0 + mP_\infty) \leq 1$. Or $D_0 + mP_\infty = E$ est un diviseur effectif et les constantes forment un sous espace vectoriel de $l(D_0 + mP_\infty)$.
Il s'ensuit que

$$l(E) = 1.$$

Unicité :
Supposons maintenant qu'il existe E' effectif de degré m tel que

$$E - mP_\infty \sim E' - mP_\infty.$$

Alors il existe une fonction f telle que $div(f) + E = E' \geq 0$, donc f appartient à $L(E)$, et parsuite f est une constante. D'où $div(f) = 0$, et $E = E'$ $\square$

Exemple 4.1.3 *Une courbe elliptique est une courbe de genre 1. On peut montrer qu'une telle courbe est isomorphe à une courbe admettant un modèle affine sous la forme de Weierstrass :*

$$y^2 + a_1 xy + a_3 y = x^3 + a_2 x^2 + a_4 x + a_6.$$

Appliquons les théorèmes précédents en prenant pour P_∞ l'unique point à l'infini de la courbe. Chaque classe de la jacobienne contient un diviseur de la forme $P - P_\infty$ ou bien 0. Le deuxième cas signifie qu'il s'agit de la classe triviale. Dans le cas général, toute classe peut être représenté par un point de la courbe. Réciproquement, soient P et Q deux points de la courbe, alors $P - P_\infty$ et $Q - P_\infty$ définissent la même classe si et seulement si P et Q sont égaux. Ainsi la jacobienne d'une courbe elliptique est la courbe elle même. La célèbre loi de groupe "Sécante-tangente" sur la courbe n'est autre qu'un calcul sur la jacobienne. Quand on trace une droite, on considère le diviseur principal de la fonction donnée par l'équation de cette droite.

D'aprés ce qui précède, grâce au choix d'un point P_∞ sur la courbe, on peut voir la jacobienne comme un ensemble de diviseurs réduits, qui sont eux mêmes des sommes formelles d'au plus g points de la courbe. Si la somme se réduit à un seul point, on peut donc énoncer la proposition suivante :

Proposition 4.1.4 *Une courbe C munie d'un point P_∞ s'injecte canoniquement dans sa jacobienne.*

Définition 4.1.5 *L'ensemble des diviseurs réduits de poids strictement inférieur à g est appelé diviseur Θ. Lorsque le genre est 1, le diviseur Θ se réduit au point P_∞. Lorsque le genre est 2, il s'agit de la courbe , vue comme une sous-variété de sa jacobienne.*

4.2 Représentation de Mumford

Soit C une courbe hyperelliptique de genre g sur un corps $\mathbb{K}$, donnée par une équation affine de la forme :

$$y^2 + h(x)y = f(x).$$

Théorème 4.2.1 *Soit C une courbe hyperelliptique de genre g d'équation $y^2 + h(x)y = f(x)$ avec deg $f = 2g + 1$ et deg $h \leq g$. La courbe C admet un unique point à l'infini, qu'on notera P_∞. Alors toute classe de $Jac(C)$ contient un unique diviseur D vérifiant les propriétés suivantes*

1. *Il existe E effectif de degré r inférieur ou égal à g tel que $D = E - rP_\infty$.*

2. *Le point P_∞ n'apparait pas dans E.*

3. *Si $P = (x, y)$ apparait dans E, alors $i(P) = (x, -y - h(x))$ n'y apparait pas.*

4. *Les points de ramifications apparaissent avec un coefficient au plus 1 dans E (P est un point de ramification si $i(P) = P$).*

Un diviseur sous cette forme est appelé diviseur réduit. Si on relâche la condition $r = deg E \leq g$, on n'a plus l'unicité. Dans ce dernier cas, on dit que le diviseur est semi-réduit.

Remarque 4.2.2 *on rappelle que l'involution hyperelliptique $: i$ est définie par :*

$$i(P) = \tilde{P} = (x, -y - h(x)),$$

Démonstration :

L'existence découle du théorème 4.1.1. En effet, ce théorème donne directement un diviseur E effectif vérifiant les conditions 1 et 2. Si dans E apparaissent simultanément P et $i(P)$, on peut les enlever, car le diviseur $P + i(P) - 2\infty$ est principal : c'est le diviseur de la fonction $x - x_P$. De même, si un point de ramification apparait avec un coefficient d'au moins 2, on peut retirer 2 de ce coefficient, et donc tous les nombres pairs : Ce qui fait qu'on se ramène à un coefficient 0 ou 1.

L'unicité est moins immédiate. Une démonstration dans le cas de la caractéristique nulle est donnée par Mumford [Mum]. On peut adapter ses arguments au cas général. Soit $D = E - r\infty$ un diviseur réduit ($r \leq g$). Supposons qu'il existe un diviseur réduit $D' = E' - r'\infty$ linéairement équivalent à D avec $r' < r$. Cela signifie qu'il existe une fonction φ telle que

$$E - r\infty = E' - r'\infty + div(\varphi).$$

Ecrivons $E' = \sum n_i P_i$ avec $P_i = (x_i, y_i)$, et soit δ la fonction $\prod(x - x_i)^{n_i}$. On a alors

$$div(\delta) = E' + i(E') - 2r'\infty,$$

où $i(E')$ désigne le diviseur obtenu en prenant les images par i de chaque point formant E'. La fonction $\varphi\delta$ a donc pour diviseur

$$div(\varphi\delta) = E + i(E') - (r + r')\infty.$$

Cette fonction n'a de pôles qu'en ∞. C'est donc un polynôme, de plus, ce pôle est d'ordre inférieur à $2g$ car $r' < r \leq g$. Remarquons que ce polynôme ne fait pas intervenir la variable y. En effet, en réduisant par l'équation de la courbe, on peut supposer que le polynôme s'écrit $\sigma(x) + y\tau(x)$. Comme l'ordre de y à l'infini est $2g+1$ (donc impair), alors que celui de x est 2, il ne peut pas donc y avoir de compensation de valuations entre $\sigma(x)$ et $y\tau(x)$ (vu les raisons de parité et le fait que le pôle est engendré par $y\tau(x)$ est d'ordre trop élevé à moins que $\tau(x) = 0$). Ainsi, on a

$$\varphi(x, y)\delta(x) = \sigma(x).$$

La fonction φ est donc elle-même une fraction rationnelle en x uniquement, et la réduction du diviseur D en D' ne peut donc consister qu'en des simplifications triviales du types $P + i(P) - \infty \sim 0$. Celles-ci étant déjà effectuées dans D, il n'existe pas de D' avec un poids inférieur $\square$

Remarque 4.2.3 *Cette définition de diviseur réduit coincide avec celle donnée par le théorème 4.1.2 dans le cadre d'une courbe un peu plus générale.*

Une représentation efficace de cet élément canonique se trouve dans le livre de Mumford [Mum] qui l'attribue à Jacobi.

Lemme 4.2.4 *Soit $P = (x_0,\ y_0)$ un point ordinaire de $\mathcal{C}$, et soit $R \in \overline{\mathbb{K}}(\mathcal{C})$, une fonction rationnelle qui n'admet pas de pôle en P. Alors pour tout entier $k \geq 0$, ils existe $R_k \in \overline{\mathbb{K}}(\mathcal{C})$ tel que*

$$R = \sum_{i=0}^{k} c_i(x - x_0)^i + (x - x_0)^k R_k$$

Où R_k n'admet pas de pôle en P.

Démonstration
Il existe un unique $c_0 \in \overline{\mathbb{K}}$, $c_0 = R(x,\ y)$. P est donc un zéro de $R - c_0$. En cherchant une représentation paramétrique en P, $(x - x_0)$, on peut écrire

$$R - c_0 = (x - x_0)R_1$$

avec $R_1 \in \overline{\mathbb{K}}(\mathcal{C})$, unique et tel que $ord_P(R_1) \geq 1$.
D'où

$$R = c_0 + (x - x_0)R_1$$

Par induction le lemme est prouvé $\square$.

Lemme 4.2.5 *Soit $P = (x_0,\ y_0)$, un point ordinaire de $\mathcal{C}$. Alors pour tout entier $k \geq 1$, il existe un unique polynôme $v_k(x) \in \overline{\mathbb{K}}[x]$ tel que*

1. $deg_x v_k < k$.

  2. $v_k(x_0) = y_0$.

  3. $v_k^2(x) + v_k(x)h(x) \equiv f(x) \ (mod \ (x - x_0)^k \ )$.

Démonstration

Soit

$$y = \sum_{i=0}^{k-1} c_i(x - x_0)^i + (x - x_0)^k R_{k-1}.$$

où on a $c_i \in \overline{\mathbb{K}}$ et $R_{k-1} \in \overline{\mathbb{K}}(\mathcal{C})$.

On définit

$$v_k(x) = \sum_{i=0}^{k-1} c_i(x - x_0)^i.$$

On a $c_0 = y$, et parsuite $v_k(x_0) = y$.

Et comme

$$y^2 + h(x)y = f(x).$$

En réduisant les deux membres de cette équation modulo$(x - x_0)^k$, on obtient

$$v_k(x)^2 + v_k(x)h(x) \equiv f(x) \ (mod \ (x - x_0)^k).$$

L'unicité est prouvé par induction sur l'entier k $\square$.

Théorème 4.2.6 *Soit $D = \sum m_i P_i - (\sum m_i)\infty$, un diviseur réduit où semi-réduit, où $P_i = (x_i, \ y_i)$. Soit $u(x) = \prod(x - x_i)^{m_i}$, et $v(x)$ l'unique polynôme satisfaisant :*

  1. On a $deg_x v < deg_x u$.

  2. Pour tout entier i on a $v(x_i) = y_i$.

  3. Le polynôme $u(x)$ divise $(u(x)^2 + u(x)h(x) - f(x) \ )$.

Alors $D = PGCD(div(u(x)), \ div(v(x) - y)) \ .$

Notation 4.2.7 *On peut abbrévié*

$$PGCD(u(x)), \ div(v(x) - y))$$

En

$$div(u(x), \ v(x) - y).$$

Ou tout simplement en $div(u, \ v)$.

Démonstration

Soit $\mathcal{C}_1$, l'ensemble des points ordinaires dans le support de diviseur D, $\mathcal{C}_0$ l'ensemble des points spéciaux, et $\mathcal{C}_2 = \{\tilde{P} = \imath(P) \ : \ P \in \mathcal{C}_1\}$.

Alors on peut écrire

$$D = \sum_{P_i \in \mathcal{C}_0} P_i + \sum_{P_i \in \mathcal{C}_1} m_i P_i - m\infty,$$

où on a pourtout entier i, $m_i \geq 1$.

D'aprés le lemme4.2.5, pour tout $P_i \in \mathcal{C}_1$, il existe un unique polynôme $v_i(x) \in \overline{\mathbb{K}}[x]$ satisfaisant

1. $deg_x v_i(x) < m_i$.

2. $v_i(x_i) = y_i$.

3. $(x - x_0)^{m_i} \mid v_i^2(x) + v_i(x)h(x) - f(x)$.

D'aprés le théorème des restes chinois pour les polynômes, il existe un unique polynôme $v(x) \in \overline{\mathbb{K}}[x]$ où $deg_x v < \sum m_i$, tel que pour tout entier i

$$v(x) \equiv v_i(x) \ (mod \ (x - x_i)^{m_i}),$$

On a donc

$$div(u(x)) = div(\prod (x - x_i)^{m_i}) = \sum_{P_i \in \mathcal{C}_0} 2.P_i + \sum_{P_i \in \mathcal{C}_1} m_i.P_i + \sum_{P_i \in \mathcal{C}_1} m_i \tilde{P}_i - (*)\infty.$$

Et

$$div(v(x) - y) = \sum_{P_i \in \mathcal{C}_0} t_i P_i + \sum_{P_i \in \mathcal{C}_1} s_i P_i + \sum_{P_i \in \mathcal{C}/(\mathcal{C}_0 \cup \mathcal{C}_1 \cup \mathcal{C}_2 \cup \{0\})} m_i P_i - (*)\infty.$$

Où tout entier $s_i \geq m_i$ et parsuite $(x - x_i)^{m_i}$ divise $N(v - y) = v^2 + hv - f$.

Si $P = (x_0, \ y_0) \in \mathcal{C}_0$, alors $(x - x_0)$ divise $v^2 + hv - f$. La dérivée de ce polynôme évalué en $x = x_0$ est

$$v'(x_0)(2y_0 + h(x_0)) + (h'(x_0)y_0 - f'(x_0)) = h'(x_0)y_0 - f'(x_0)$$
$$\neq 0.$$

car $2y_0 + h(x_0) = 0$. Donc $x = x_0$ est une racine simple de
$N(v - y) = v^2 + hv - f$ et parsuite $t_i = 1$, pour tout entier i :

$$PGCD(u(x),\ v(x) - y) = \sum_{P_i \in \mathcal{C}_0} P_i + \sum_{P_i \in \mathcal{C}_1} m_i . P_i - m\infty = D.$$

$\square$

Proposition 4.2.8 *Reprenons les conditions du théorème précédent. Soit*
$D = E - r\infty$ *un diviseur réduit ou semi-réduit, avec* $E = \sum n_i P_i$, *où*
$P_i = (x_i, y_i)$. *Alors D peut être représenté de manière unique par deux poly-*
nômes u(x) et v(x) définis par

$$u(x) = \prod_i (x - x_i),$$

et v(x) est l'unique polynôme de degré inférieure à r=deg u tel que pour tout
i, $v(x_i) = y_i$, et u(x) divise $v^2(x) + v(x) h(x) - f(x)$.

Cette représentation peut être comprise de la manière suivante : le premier
polynôme décrit les abscisses des points de E et le deuxième "interpole" les
ordonnées. La condition de divisibilité permet de prendre en compte les éven-
tuelles multiplicités. Notons que le fait d'avoir interdit la présence de deux
points distincts de même abscisse est nécessaire pour définir $v(x)$. En accord
avec les définitions générales de la section 1 de ce chapitre, le degré du polynôme u est appelé le poids du diviseur. Le diviseur est dit premier si le
polynôme u est irréductible.

Remarque 4.2.9 *Si la caractéristique est différente de 2, le polynôme $h(x)$*
dans l'équation de la courbe peut être choisi égal à zéro. La condition de
divisibilité devient $u \mid v^2 - f$. Posons alors

$$w = \frac{v^2 - f}{u}.$$

La forme quadratique $uX^2 + 2vX + w$ est alors de discriminant $-f$. L'algo-
rithme de Cantor, tenant compte de cette analogie avec les corps quadratiques
imaginaires va mimer la composition et la réduction des formes quadratiques
à la Gauss.

Notation 4.2.10 *Un diviseur réduit ou semi-réduit dans sa représentation de Mumford est noté*

$$D = < u(x), v(x) > .$$

4.3 Algorithme de Cantor

Le problème est le suivant : Etant donnés deux diviseurs réduits dans la représentation de Mumford, trouver le diviseur réduit qui représente leur somme dans la Jacobienne (toujours sous la forme de Mumford). Nous décrivons ici une solution proposée par Cantor [Can](voir aussi [Kob] pour le cas de la caractéristique 2). Tout d'abord le lemme traite le problème de l'opposé.

Lemme 4.3.1 *Soit C une courbe hyperelliptique de genre g d'équation* $y^2 + h(x)y = f(x)$ *avec* deg $f = 2g+1$ *et* deg $h \leq g$*. Soit* $D=<(u(x),v(x)>$ *un diviseur réduit (ou semi-réduit). Alors son opposé dans Jac(C) est donné sous la forme de Mumford par*

$$-D = < u(x), \ -v(x) - h(x) \ mod \ u(x) > .$$

Démonstration :
Soit $P = (x_P, y_P)$ un point de la courbe. Le diviseur de la fonction $x - x_P$ est $P + i(P) - 2\infty$. Ainsi l'opposé du diviseur réduit $D = P - \infty$ est $-D = i(P) - \infty$.
En prenant compte du fait que $i(P)$ a pour coordonnées $(x_P, -y_P - h(x_P))$, on obtient le résultat pour les diviseurs réduits de poids 1 et la formule générale s'ensuit. □

L'algorithme d'addition dans la jacobienne se décompose en deux parties :

1. La composition calcule un diviseur semi-réduit représentant la somme de deux diviseurs.

2. La réduction transforme un diviseur semi-réduit en un diviseur réduit.

Algorithme 4.3.2 *COMPOSITION*

Entrée : *Deux diviseurs semi-réduits* $D_1 = < u_1(x), v_1(x) >$ *et* $D_2 = < u_2(x), v_2(x) >$.

Sortie : *Un diviseur semi-réduit* D_3 *tel que* $D_3 \sim D_1 + D_2$ *dans Jac(C)*.

    1. Par deux calculs de pgcd étendus, construire s_1, s_2, s_3 *tels que*

$$d = pgcd(u_1, u_2, v_1 + v_2 + h) = s_1 u_1 + s_2 u_2 + s_3(v_1 + v_2 + h);$$

    2. $u_3 \leftarrow u_1 u_2 / d^2$;

    3. $v_3 \leftarrow (s_1 u_1 v_2 + s_2 u_2 v_1 + s_3(v_1 v_2 + f))/d \bmod u_3$;

    4. Retourner $D_3 = < u_3(x), v_3(x) >$.

Dans le cas le plus simple où D_1 et D_2 n'ont pas de points en commun, le calcul consiste simplement à regrouper les deux ensembles de g points en un ensemble de 2g points. Le polynôme u_3 de la somme est donc le produit $u_1 u_2$ et le polynôme $v_3 = s_1 u_1 v_2 + s_2 u_2 v_1 \bmod u_3$ est une sorte d'interpolation de Lagrange. Dans le cas général, on peut montrer que les formules de l'algorithme consistent exactement à traiter les cas de points multiples, ou éventuellement opposés qu'il faut éliminer.

Algorithme 4.3.3 *REDUCTION*

Entrée : *Un diviseur semi-réduit* $D = <u(x), v(x)>$.

Sortie : *Un diviseur réduit* $D' \sim D$.

    1. Tant que deg $u(x) > g$, *faire*

    2. $u \leftarrow (f - hv - v^2)/u$;

    3. $v \leftarrow -h - v \bmod u$;

    4. Retourner $D' = < u(x), v(x) >$.

La phase de réduction est celle qui fait réellement intervenir la structure de la jacobienne : On fait baisser le poids du diviseur semi-réduit en ajoutant des diviseurs principaux. Si on part d'un diviseur de poids $r > g$, alors $deg\ v < r$. Une itération de la boucle va donc faire baisser le poids de 2 (sauf éventuellement la dernière qui ne le fait baisser que de 1). Là encore, nous renvoyons à [Can] pour une preuve de l'algorithme.

Complexité

Partant de deux diviseurs réduits (donc de poids borné par g), on commence par les composer : On obtient un diviseur semi-réduit de poids au plus $2g$, puis on réduit celui-ci pour obtenir un diviseur réduit.

Notons $M(x)$ le nombre d'opération dans le corps de base nécessaires pour multiplier deux polynômes de degré au plus x. Le calcul du pgcd de deux polynômes de degré au plus x peut alors s'effectuer en $M(x)\ log\ x$ opérations.

L'étape de composition de deux diviseurs réduits fait intervenir un nombre fini de pgcd et de multiplications de polynômes de degré au plus $2g$. Ainsi la complexité de cette phase est

$$C_{comp} = O(M(g) log\ g)$$

opérations dans K.

Comme nous l'avons déjà remarqué, chaque itération dans la phase de réduction fait baisser le poids de 2. On part d'un diviseur de poids au plus 2g, pour atteindre finalement un poids inférieur ou égal à g. Cela nécessite donc au plus $O(g)$ étapes. Chaque itération coûte $O(M(g))$. La complexité de la réduction est donc

$$C_{red} = O(gM(g))$$

opérations dans K. La valeur de $M(g)$ dépend de l'algorithme choisi pour multiplier les polynômes. L'algorithme naïf donne $M(g) = O(g^2)$. La méthode de Karatsuba descend à $M(g) = O(g^{1.58\cdots})$ [Coh], alors que les méthodes rapides à base de transformée de Fourier rapide (FFT) donnent

$$M(g) = O(g log\ g\ log\ log\ g).$$

Dés les petits degrés, Karatsuba permet de gagner par rapport à la méthode naïve. Par contre, la FFT ne sera pas utile dans notre contexte.

Chapitre 5

Cardinalité

Depuis quelques années, les cryptologues cherchent à étendre l'ensemble des groupes susceptibles d'être utilisés pour des protocoles basés sur le logarithme discret. Outre le groupe multiplicatif d'un corps fini et les courbes elliptiques définies sur un corps fini, un bon candidat semble être le groupe des points rationnels d'une courbe hyperelliptique. En effet comme on a vu au chapitre précédent, des algorithmes efficaces existent pour additionner les éléments d'une jacobienne. D'autre part, il n'existe pas encore d'attaque générale connue pour casser le logarithme discret sur le groupe des éléments de la jacobienne, si ce n'est que les attaques génériques habituelles comme la méthode de Shanks ou le paradoxe des anniversaires. Le problème principal est donc de trouver des courbes hyperelliptiques dont le cardinal de la jacobienne résiste à l'attaque de Pohlig-Hellman : le cardinal doit avoir un facteur premier trés grand. Pour cela, les mathématiciens ont cherché des algorithmes permettant de calculer le cardinal de la jacobienne d'une courbe hyperelliptique choisie aléatoirement. Il y a encore quelques temps, l'algorithme de comptage le plus connue était celui de Schoof pour les courbes elliptiques. Ce dernier a été étendu par Pila aux courbes de genre supérieur à 2. Cependant, cette méthode était irréalisable en pratique pour les courbes hyperelliptiques(de genre supérieur à 2).

En 2001, Kiran S. Kedlaya a proposé un algorithme pour calculer le cardinal de la jacobienne définie sur un corps de caractéristique impaire. Le temps de calcul de cet algorithme pour une courbe de genre g sur $\mathbb{F}_{p^n}$ est en $O(g^{5+\epsilon}n^{3+\epsilon})$. Cela permet de calculer le cardinal de courbes définies sur des corps de petite caractéristique pour des tailles cryptographiques des clefs. On peut se référer à l'article de Kedlaya [Ked].

5.1 Courbes sur les corps finis : conjectures de weil

Dans cette section, on se fixe un corps fini à $q = p^d$ éléments, noté $\mathbb{F}_q$, et on considère une courbe $\mathcal{C}$ de genre g définie sur ce corps. Le nombre de points de la courbe est fini et la jacobienne est un groupe fini. L'étude de la fonction zêta et les conjectures de Weil donnent des bornes précises sur les cardinalités de ces ensembles. Les preuves de tous les résultats de cette section peuvent être trouvées dans [Sti].

5.1.1 Fonction zêta

La fonction zêta associée à une courbe $\mathcal{C}$ est une série génératrice liée au nombre de points $\mathcal{C}$ définie sur une extension de $\mathbb{F}_q$ de degré n.

Définition 5.1.1 *La fonction zêta de $\mathcal{C}$ est définie par*

$$Z(t) = exp(\sum_{n \geq 1} N_n \frac{t^n}{n}),$$

où N_n est le nombre de points de C définies sur $\mathbb{F}_{q^n}$.

En regroupant les points en diviseurs effectifs, on peut réorganiser la série de manière à obtenir une définition équivalente :

Lemme 5.1.2 *La fonction zêta de $\mathcal{C}$ vérifie :*

$$Z(t) = \sum_{n \geq 0} C_n t^n,$$

où $C_n = \{D \in Div\ (C);\ D \geq 0,\ deg(D) = n\}$ est le nombre de diviseurs effectifs de degré n sur C.

De manière analogue à la fonction ζ de Rieman, on peut transformer cette écriture en un produit Eulérien.

La fonction Z(t) se réecrit sous la forme

$$Z(t) = \prod_{D\ premier} (1 - t^{deg(D)})^{-1}.$$

Le cas des courbes de genre 0 peut être traité sans trop de problèmes. Nous donnons ici les détails du calcul afin d'illustrer comment les objets introduits jusqu'à ici se manipulent.

Exemple de $\mathbb{P}^1(\mathbb{F}_q)$

Pour tout $n \geq 1$, le nombre de points sur $\mathbb{P}^1(\mathbb{F}_{q^n})$ est $q^n + 1$, c'est à dire le nombre d'éléments dans le corps plus le point à l'infini. La série qu'on obtient est donc

$$Z(t) = exp(\sum_{n \geq 1}(q^n + 1)\frac{t^n}{n}).$$

Aprés simplification, on obtient

$$Z(t) = \frac{1}{(1 - t)(1 - qt)}.$$

5.1.2 Théorème de Weil

Dans les années 30, Hasse démontra des bornes sur le nombre de points d'une courbe elliptique sur un corps fini. Généralisant cela, Weil énonça en 1949 des célèbres conjectures conçernant la fonction zêta d'une variété définie sur un corps fini et les prouva dans le cas particulier des courbes et des variétés abéliennes. Par la suite, de nombreux travaux qui étendent le résultat ont été faits par Dwork, Artin, Grothendieck, Deligne. Dans le cas des courbes, on peut trouver une preuve (essentiellement celle de Bombieri) dans [Sti].

Théorème 5.1.3 *(Conjectures de Weil)*
Soit C une courbe de genre g sur un corps fini $\mathbb{F}_q$. Sa fonction Zêta Z(t) possède les propriétés suivantes :

1. **Rationalité :** La fonction $Z(t)$ *est une fonction rationnelle.*

2. **Equation fonctionnelle :** On a $Z(t) = q^{g-1}t^{2g-2}Z(\frac{1}{q\,t})$.

3. **Hypothèse de Riemann :** *Les inverses des zéros de $Z(t)$ ont pour valeur absolue $\sqrt{q}$.*

Plus précisément, la fonction Zêta peut se mettre sous la forme

$$Z(t) = \frac{L(t)}{(1-t)(1-qt)},$$

où $L(t)$ est un polynôme qui a les propriétés suivantes :

Théorème 5.1.4 *Le polynôme $L(t) = (1-t)(1-qt)\,Z(t)$ vérifie :*

1. *C'est un polynôme de degré $2g$ à coefficients entiers.*

2. *Le cardinal de la Jacobienne est $\#Jac(\mathcal{C}) = L(1)$.*

3. *On a l'équation fonctionnelle $L(t) = q^g t^{2g} L(\frac{1}{q\,t})$.*

4. *Si on écrit $L(t) = a_0 + a_1 t + ... + a_{2g}t^{2g}$, alors on a*
   (a) $a_0 = 1$ *et* $a_{2g} = q^g$,
   (b) $a_{2g-i} = q^{g-i}a_i$ *pour* $0 \leq i \leq g$.

5. *Si on écrit $L(t) = \prod(1 - \alpha_i t)$, on peut réarranger les indices de telle sorte que $\alpha_i \alpha_{g+i} = q$, avec $\mid \alpha_i \mid = \sqrt{q}$.*

Les conséquences des conjectures de Weil sur les cardinalités sont immédiates :

Corollaire 5.1.5 *Soit $\mathcal{C}$ une courbe de genre g définie sur un corps fini $\mathbb{F}_q$. Alors le nombre de points sur la courbe est borné par*

$$\mid \#\mathcal{C} - (q+1) \mid \leq 2g\sqrt{q}.$$

Le cardinal de sa Jacobienne est quant à lui borné par

$$(\sqrt{q} - 1)^{2g} \leq \#Jac(\mathcal{C}) \leq (\sqrt{q} + 1)^{2g}.$$

Ces bornes signifient que le nombre de points sur une courbe de genre g est de l'ordre q avec un terme d'erreur en $\sqrt{q}$ et que le cardinal de sa jacobienne est environ de l'ordre q^g avec un terme d'erreur en $q^{g-\frac{1}{2}}$.

Un résultat supplémentaire permet de relier la fonction zêta d'une courbe sur $\mathbb{F}_q$ avec la fonction zêta de la même courbe considérée sur $\mathbb{F}_{q^r}$.

Théorème 5.1.6 *Soit $\mathcal{C}$ une courbe de genre g définie sur $\mathbb{F}_q$, et soit r un entier non nul. Notons $L(t) = \prod(1 - \alpha_i t)$ le polynôme L associé à la fonction Zêta de $\mathcal{C}$. Alors la fonction zêta $Z_r(t)$ de la courbe $\mathcal{C}$ sur $\mathbb{F}_{q^r}$ est donnée par*

$$Z_r(t) = \frac{\prod(1 - \alpha_i^r t)}{(1 - t)(1 - q^r t)}.$$

5.1.3 Action de l'endomorphisme de Frobenius

La théorie de Galois sur les corps finis est très simple : toutes les extensions sont cycliques et sont engendrées par l'automorphisme de Frobenius. Cette action sur le corps finis se transcrit sur les coordonnées des points, puis sur les diviseurs et enfin sur la jacobienne.

Dans ce qui suit, on se fixe une courbe $\mathcal{C}$ définie sur $\mathbb{F}_q$ et une clôture algébrique $\overline{\mathbb{F}_q}$ de $\mathbb{F}_q$.

Définition 5.1.7 *L'automorphisme de Frobenius sur $\overline{\mathbb{F}_q}$ laissant fixe $\mathbb{F}_q$, est défini par*

$$\sigma(x) = x^q.$$

Lemme 5.1.8 *L'automorphisme de Frobenius sur $\overline{\mathbb{F}_q}$ s'étend en une action sur les points de la courbe, puis en un endomorphisme de la jacobienne. On continue de l'appeler Frobenius et sera noté σ.*

Un élément de la jacobienne est défini sur $\mathbb{F}_q$ si et seulement si il est invariant sous l'action de $Gal(\overline{\mathbb{F}_q}/\mathbb{F}_q)$. Ce qui est équivalent de dire qu'il est invariant sous l'action du Frobenius σ. En d'autres termes on a

$$Ker(\sigma - Id) = Jac(\mathcal{C})/\mathbb{F}_q,$$

et on déduit que $\#Jac(\mathcal{C})/\mathbb{F}_q = \chi(1)$, où $\chi(t)$ est le polynôme caractéristique du Frobenius dans l'anneau des endomorphismes qui est donné par le théorème suivant :

Théorème 5.1.9 *Le polynôme caractéristique de l'endomorphisme du Frobenius sur Jac(C), noté $\chi(t)$ est le polynôme réciproque du polynôme $L(t)$ défini à partir de la fonction zêta de la courbe. C'est donc un polynôme de degré 2g à coefficients entiers, dont les racines ont une valeur absolue $\sqrt{q}$ et tel que*

$$\#Jac(\mathcal{C})/\mathbb{F}_q = \chi(1).$$

Cas du genre 0

Pour le cas d'une droite projective $\mathbb{P}^1(\mathbb{F}_q)$, le polynôme $L(t)$ est constant et égal à 1, Donc

$$\chi(t) = 1.$$

On trouve alors le fait que la jacobienne est le groupe trivial n'ayant qu'une seule classe. Celle-ci étant définie sur $\mathbb{F}_q$. Le Frobenius est donc égal à l'identité.

Cas de genre 1

C'est le premier cas non trivial. Le polynôme $L(t)$ s'écrit

$$L(t) = 1 + a_1 t + q t^2 = (1 - \alpha_1 t)(1 - \alpha_2 t).$$

Le polynôme caractéristique du Frobenius est de la forme

$$\chi(t) = t^2 - s_1 t + q = (t - \alpha_1)(t - \alpha_2),$$

où α_1 et α_2 sont conjugés complexes, de valeur absolue $\sqrt{q}$. On a donc l'inégalité suivante sur l'entier $s_1 = \alpha_1 + \alpha_2$ (la *trace* de la courbe) :

$$\mid s_1 \mid \leq 2\sqrt{q}.$$

On a expliqué auparavant que la jacobienne d'une courbe elliptique est isomorphe à la courbe elle-même, dès qu'on a choisit un point comme élément neutre. Ainsi, si on a une courbe elliptique E définie sur $\mathbb{F}_q$, l'action du Frobenius sur la courbe est décrite par le polynôme $\chi(t)$.

Pour tout points P défini sur une extension algébrique, on a

$$\sigma^2(P) - s_1\sigma(P) + qP = 0,$$

où l'addition est celle entre deux points de la courbe héritant de la structure de jacobienne, et la multiplication par un entier n'est autre que l'application de l'endomorphisme de multiplication dans la jacobienne. La notation rigoureuse sera donc :

$$\sigma^2(P) - [s_1]\sigma(P) + [q]P = 0_{Jac(E)}.$$

Cas de genre 2

Soit $\mathcal{C}$ une courbe de genre 2 sur $\mathbb{F}_q$. Le polynôme caractéristique de l'endomorphisme de Frobenius sur $Jac(\mathcal{C})$ est de la forme

$$\chi(t) = t^4 - s_1 t^3 + s_2 t^2 - s_1 q t + q^2.$$

L'hypothèse de Riemann donne les bornes suivantes pour les entiers s_1 et s_2 :

$$\mid s_1 \mid \leq 4\sqrt{q} \text{ et } \mid s_2 \mid \leq 6q.$$

Ainsi le cardinal de la jacobienne est borné par

$$q^2 - 4q^{\frac{3}{2}} + 6q - 4q^{\frac{1}{2}} + 1 \leq \#Jac(\mathcal{C}) \leq q^2 + 4q^{\frac{3}{2}} + 6q + 4q^{\frac{1}{2}} + 1.$$

Là encore, le polynôme caractéristique du Frobenius traduit son comportement sur les éléments de la jacobienne : Pour tout diviseur réduit D, on a

$$\sigma^4(D) - [s_1]\sigma^3(D) + [s_2]\sigma^2(D) - [s_1 q]\sigma(D) + [q^2]D = 0_{Jac(\mathcal{C})}.$$

5.2   Algorithmes génériques

Pour calculer le cardinal d'un groupe, il existe des méthodes génériques au sens où elles s'appliquent dès qu'on dispose d'un algorithme pour la loi de groupe et de bornes sur la cardinalité.

Les algorithmes génériques pour le calcul de l'ordre d'un groupe sont de deux types :

- Algorithme "pas de bébé, pas de géant ", dû à Shanks.
- Algorithmes reposant sur le paradoxe des anniversaires, initialement dus à Pollard.

Dans cette partie nous allons faire le point uniquement sur l'algorithme de Shanks et sa complexité.

5.2.1   Algorithme de Shanks

On se fixe un groupe abélien G noté additivement, d'élément neutre noté 0 et pour lequel on dispose

1. d'algorithmes efficaces pour additionner et calculer l'opposé ;

2. d'un moyen de tirer des éléments aléatoires uniformément dans G ;

3. de bornes explicites sur l'ordre de G de type

$$A \leq ord\ G \leq B.$$

Méthode de Shanks

Cette célèbre méthode " pas de bébé, pas de géant " fut initialement proposée par Shanks dans le contexte des groupes de classes de corps quadratiques imaginaires [Sha].

Notons N l'ordre du groupe qu'on cherche à déterminer. Soit $\omega = B - A$ la taille de l'intervalle dans lequel on cherche N. L'idée de Shanks est de chercher l'ordre d'un élément aléatoire x dans G par une méthode astucieuse. On sait que $N.x = 0$. Soit W un paramètre entier dans l'intervalle $[1, \omega - 1]$.

On écrit alors

$$N = A + n_0 + n_1 W,$$

avec $0 \leq n_0 \leq W$ et $0 \leq n_1 \leq [\frac{w}{W}]$. On a

$$(A + n_0) \cdot x = (-Wn_1) \cdot x.$$

Algorithme 5.2.1 *Pas de bébé, pas de géant de Shanks*

    Entrée : Un élément x d'un groupe G, des bornes A et B sur l'ordre de G, un paramètre W.

    Sortie : Un multiple de l'ordre de x.

  1. $\omega \leftarrow B - A$; $y \leftarrow A \cdot x$; $S \leftarrow \{(y,0)\}$;

  2. Pour ν_0 allant de 1 à W, /*Pas de bébé*/

  3. $y \leftarrow y + x$;

  4. Si y=0, alors Retourner $A + \nu_0$;

  5. $S \leftarrow S \cup \{(y, \nu_0)\}$;

  6. $z \leftarrow -W \cdot x$; $y \leftarrow z$;

  7. Pour ν_1 allant de 1 $[\frac{w}{W}]$, /*Pas de géant*/

  8. Si y appartient à S, alors

  9. $n_0 \leftarrow \nu_0$ *correspond à y dans S;*

 10. Retourner $A + n_0 + \nu_1 W$;

 11. $y \leftarrow y + z$;

Une implantation efficace de cet algorithme nécessite une structure de données adéquate pour gérer l'ensemble S. Grâce à des méthodes de hachage performantes, on peut supposer que toute opération se fait en temps constant. Nous n'insisterons pas sur cet aspect.

    La valeur de W doit être ajustée de manière à équilibrer les temps d'exécution des deux phases. En première approximation, on choisit W de l'ordre de $\sqrt{\omega}$. Cette valeur de ω doit être ajustée en fonction de l'implantation et du comportement de la structure S pour l'inclusion et la recherche d'un élément, il est nécessaire d'ajuster cette valeur.

Une fois qu'on a obtenu un multiple de l'ordre de x dans l'intervalle $[A, B]$, on déduit immédiatement l'ordre du groupe G. Toutefois, des cas pathologiques peuvent se produire et pour lesquels, même en prenant le ppcm de l'ordre de plusieurs éléments aléatoires, on n'arrive pas à conclure.

Complexité

On suppose que le coût de la gestion de la structure de données S est négligeable. Le coût des "pas de bébé" est $O(W)$ opération dans le groupe, et celui des "pas de géant" est $O(w/W)$ opérations. Ainsi, en prenant $W = O(\sqrt{w})$ comme annoncé plus haut, le coût total de l'algorithme est de $O(\sqrt{w}) = O(\sqrt{B - A})$ opérations dans le groupe. L'espace mémoire requis est lui aussi de l'ordre de $O(\sqrt{B - A})$, se qui impose des limites en pratiques.

5.3 L'Algorithme de Kedlaya

Dans cette section nous allons introduire les notions de cohomologie et d'entiers $p - adiques$. Pour une vision plus formelle consulter l'annexe-A-.

5.3.1 Lien entre le Frobenius et le cardinal de la jacobienne

Les résultats de cette partie sont démontrés dans [IRS], on y retrouve aussi toutes les références nécessaires.

Soit $\mathcal{C}$ une courbe hyperelliptique définie sur un corps fini $\mathbb{F}_q$ de caractéristique p (c'est à dire $q = p^n$). On note $\overline{\mathbb{F}}_q$ la clôture algébrique du corps de définition. On rappelle que Le Frobenius de $\overline{\mathbb{F}}_q$ à la puissance n est l'automorphisme de corps σ défini par $\sigma(x) := x^q$. L'ensemble des éléments laissés invariants par cet automorphisme est $\mathbb{F}_q$. On peut naturellement étendre cette application aux points de $\mathcal{C}$ dans $\overline{\mathbb{F}}_q \times \overline{\mathbb{F}}_q$ (c'est à dire à la variété algébrique $\mathbb{X}$ associée à $\mathcal{C}$) , si $P = (x, y)$ et $\sigma(P) = (x^q, y^q)$. Le point $\sigma(P)$

appartient aussi à la courbe car l'équation de cette dernière est à coefficients dans $\mathbb{F}_q$. De la même manière, on peut étendre le Frobenius aux éléments de la jacobienne $\mathbb{J}$ de la courbe définie sur la clôture algébrique $\overline{\mathbb{F}_q}$. Si D est le diviseur de $Pic^0(\mathbb{X})$, tel que $D = \sum m_i P_i$, on pose $\sigma(D) = \sum m_i \sigma(P_i)$. On dit qu'un diviseur est défini sur $\mathbb{F}_q$ s'il est invariant sous l'action du groupe de Galois $Gal(\overline{\mathbb{F}_q}/\mathbb{F}_q)$ (c'est à dire le sous-groupe des automorphismes de $\overline{\mathbb{K}}$ engendré par le Frobenius à la puissance n). Ce qui fait que les éléments de la jacobienne qui sont stables par le Frobenius à la puissance n sont les diviseurs définis sur $\mathbb{F}_q$.

Etant donné σ le Frobenius à la puissance n défini sur la variété algébrique $\mathbb{X}$, on peut définir σ^* le Frobenius sur la cohomologie de De Rham :

$$\sigma^* : H^1(\mathbb{X}, \mathbb{F}_q) \rightarrow H^1(\mathbb{X}, \mathbb{F}_q)$$
$$\phi = \phi_1(X, Y) \, dX + \phi_2(X, Y) \, dY \rightarrow \phi_1(X^q, Y^q) \, qX^{q-1}dX + \phi_2(X^q, Y^q) \, qY^{q-1}dY$$

Dans [Har], on trouve l'énoncé du théorème des traces de Lefchetz qui est fondamental pour la résolution du problème qui nous préoccupe. Dans le cas particulier du Frobenius et de la cohomologie de De Rham, on peut déduire l'énoncé suivant :

Lemme 5.3.1 *Soient $\mathbb{X}$ une variété algébrique affine lisse sur un corps $\mathbb{K}$ de caractéristique p et $H^1(\mathbb{X}, \mathbb{K})$. Soit $L(\sigma, \mathbb{X})$ le nombre de points fixes du Frobenius. Alors on a :*

$$L(\sigma, \mathbb{X}) mod \ p = Tr(\sigma^*, H^1(\mathbb{X}, \mathbb{K})).$$

Ceci veut dire que le nombre de points modulo p de la courbe sur $\mathbb{F}_q$ est égal à $Tr(\sigma^*, H^1(\mathbb{X}, \mathbb{K}))$ *modulo* p. Si on pose $\chi(\lambda) = det(\sigma^* - \lambda.Id)$ le polynôme caractéristique de l'application dérivée du Frobenius, le cardinal de la jacobienne modulo p est égale à $\chi(1)$.

La formule des traces de Lefchetz appliquée à la cohomologie de De Rham nous donne le nombre de points rationnels de la courbe modulo p, ce qui n'est pas un renseignement intéressant lorsque p est petit . L'iéal serait de construire des groupes de cohomologie à coefficients dans un corps de caractérisitique 0, c'est-à-dire avoir un anneau de coordonnées $\vartheta_{\mathbb{X},\mathcal{K}} = \frac{\mathcal{K}[X,Y]}{\tilde{P}[X,Y]}$ avec $\mathcal{K}$ un corps de caractéristique 0, et $\tilde{P}$ un relèvement de P dans ce corps. C'est pourquoi on introduit la notion d'entier $p - adiques$, (pour les intéressés voir Annexe-A-).

5.3.2 L'algorithme de Kedlaya

On considère une courbe hyperelliptique $\mathcal{C}$ définie par l'équation $Y^2 - Q(X) = 0$ (on pose $P(x,y) = Y^2 - Q(X)$) sur un corps fini $\mathbb{K} = \mathbb{F}_{p^n}$ de caractéristique impaire p. On construit le complexe

$$0 \longrightarrow A^{\dagger} \overset{d}{\longrightarrow} \Omega_{A^{\dagger}} \longrightarrow 0,$$

où $A^{\dagger}$ est le complété faible de $A = (\frac{W(\mathbb{K})[X,Y]}{\tilde{P}(X,Y)})_{(Y)}$, $\Omega_{A^{\dagger}}$ est l'espace des différentielles sur $A^{\dagger}$ et d est le morphisme dérivé de $A^{\dagger}$ dans son espace de différentielles. Ce complexe induit la cohomologie de Monsky-Washnitzer de $A^{\dagger}$: $\mathbb{H} = \frac{\Omega_{A^{\dagger}}}{d(A^{\dagger})}$. Pour calculer le nombre de points de la jacobienne de $\mathcal{C}$, il nous faut résoudre les trois problèmes suivants :

1. Relever le Frobenius sur $\mathbb{K}$ dans $A^{\dagger}$, puis dans $\mathbb{H}$.

2. Trouver une base de la cohomologie $\mathbb{H}$ de $A^{\dagger}$.

3. Calculer l'action du Frobenius sur cette base.

Remarque 5.3.2 *Kedlaya donne dans son article un algorithme pour résoudre ces problèmes.*

Relever le Frobenius

Soit σ le Frobenius sur un corps $\mathbb{F}_q$, avec $q = p^n$, c'est à dire l'application qui à x associe l'élément x^p. Il existe un relevé de ce morphisme dans $W(\mathbb{F}_q)$ qu'on va noter f . On peut le définir en trois étapes :

1. On définit tout d'abord le relevé de Teichmüller comme l'application $w : \mathbb{F}_q \to W(\mathbb{F}_q)$ tel que $w(0) = 0$ et pour x non nul, $w(x)$ est l'unique

$(q-1)^{ime}$ racine de l'unité dans $W(\mathbb{F}_q)$ tel que $\pi(w(x)) = x$, où π est la projection sur $\mathbb{F}_q$(Voir Annexe-A-). On peut calculer cette application grâce à l'algorithme de Newton.

2. On appelle décomposition de $semi - Witt$ d'un élément x de $W(\mathbb{F}_q)$ l'unique suite $(x_i)_{i\geq 0}$ avec $x_i \in \mathbb{F}_q$ telle que $x = \sum_{i\geq 0} w(x_i)p^i$. Il est facile de voir que cette décomposition existe. En effet, on peut le construire en posant $x_0 = \pi(x)$ et avec la formule de récurrence

$$x_{i+1} = \pi\left(\frac{x - w(x_0) - w(x_1)p - ... - w(x_i)p^i}{p^{i+1}}\right)$$

3. On peut maintenant définir le Frobenius relatif sur $W(\mathbb{F}_q)$ et $(x_i)_{i\geq 0}$ sa décomposition de $semi - Witt$. Alors, on pose :

$$f(x) = \sum_{i\geq 0} w(x_i^p)p^i = \sum_{i\geq 0} w(x_i)^p p^i$$

On peut remarquer qu'on a $\pi(f(x)) = f(\pi(x))$.

Remarque 5.3.3 *il existe une autre façon de relever le Frobenius d'un élément de $W(\mathbb{F}_q)$. Soit $x = \sum_{i=0}^{n-1} x_i t^i$, un élément de $W(\mathbb{F}_{p^n})$. Alors, on peut obtenir x^σ de la manière suivante :*

$$x^\sigma = \left(\sum_{i=0}^{n-1} x_i t^i\right)^\sigma = \sum_{i=0}^{n-1} x_i (t^\sigma)^i$$

L'élément t étant une racine du polynôme f définissant $W(\mathbb{F}_{p^n})$ comme extension de $W(\mathbb{F}_p)$, on peut calculer t^σ par l'algorithme de Newton appliqué au polynôme f initialisé avec t^p. On explicitera l'algorithme de Newton dans la sous-section suivante.

Pour relever le Frobenius dans $A^\dagger$, il nous faut maintenant déterminer l'image par σ des indéterminées X et Y. On définit X^σ par X^p. Pour que le Frobenius qu'on défini soit compatible avec le Frobenius sur $\mathcal{C}$, il faut que Y^σ vérifie $(Y^\sigma)^2 = Q(X)^\sigma$.

Le polynôme $Q(X)^\sigma$ est le polynôme obtenu en appliquant le Frobenius realtif aux coefficients de Q et en remplaçant X par X^p. Donc on a

$$
\begin{aligned}
Y^\sigma &= (Q(X)^\sigma)^{\frac{1}{2}} \\
&= (Q(X)^\sigma - Q(X)^p + Q(X)^p)^{\frac{1}{2}} \\
&= (Q(X)^p)^{\frac{1}{2}}(1 + \frac{Q(X)^\sigma - Q(X)^p}{Q(X)^p})^{\frac{1}{2}} \\
&= Y^p(1 + \frac{Q(X)^\sigma - Q(X)^p}{Y^{2p}})^{\frac{1}{2}} \\
&= Y^p(1 + pE(X,Y))^{\frac{1}{2}},
\end{aligned}
$$

où $E(X,Y)$ est une fonction rationnelle en X et Y et telle que

$$
pE(X,Y) = \frac{Q(X)^\sigma - Q(X)^p}{Y^{2p}} \quad \text{car} \quad Q(X)^\sigma \equiv Q(X)^\sigma \ (mod\ p)
$$

Le fait de se situer dans le complété faible permet de pouvoir calculer $(1 + pE(X,Y))^{\frac{1}{2}}$ en l'exprimant sous la forme d'une série de puissance de p. On obtient

$$
Y^\sigma = Y^p(1 + \sum_{n \geq 1} \frac{(-1)^{n+1}(2n)!}{2^{2n}(n!)^2(2n-1)} p^n E(X,Y)^n)
$$

En fait, ce qui nous intéressera par la suite sera de calculer $\frac{1}{Y^\sigma}$, donné par la formule :

$$
\frac{1}{Y^\sigma} = Y^{-p}(\sum_{n \geq 0} \frac{(-1)^n(2n)!}{2^{2n}(n!)^2} p^n E(X,Y)^n).
$$

En ce qui concerne la cohomologie de $A^\dagger$, il nous suffit maintenant de définir $(dX)^\sigma$. On le définit comme étant $pX^{p-1}dX$. On a ainsi résolu la première étape du travail en relevant le Frobenius dans $A^\dagger$.

Calcul d'une base de la cohomologie

Dans leur article, Monsky et Washnitzer ont montré de manière algorithmique qu'une base de la cohomologie est :

$$
< \frac{X^i dX}{Y} \quad , \quad \frac{X^i dX}{Y^2} \quad , \quad i = 0, ..., 2g - 1 > .
$$

La cohomologie de Monsky-Washnitzer se décompose donc en deux sous-espaces propres V_{-1} et V_1 pour l'involution hyperelliptique, qui correspondent respectivement aux valeurs propres -1 et 1 . On a alors qu'une base de V_{-1} est $< \frac{X^i dX}{Y}$, $i = 0, ..., 2g-1 >$ et qu'une base de V_1 est $< \frac{X^i dX}{Y^2}$, $i = 0, ..., 2g-1 >$.

Donc, si f est un endomorphisme de la courbe, nous avons

$$
\begin{aligned}
\#\{points\ fixes\ de\ f\} &= Tr(f^*(H^1_{M.W}(\mathbb{X}))) \\
&= Tr(f^*(V_{-1})) + Tr(f^*(V_1))
\end{aligned}
$$

En écrivant $H^1_{M.W} = V_{-1} \oplus V_1$.

Dans son article Kedlaya propose que si i désigne l'involution hyperelliptique, nous avons $Tr(i^*(V_1)) = g$ qui correspond aux g points de Weierstrass de la courbe. Plus généralement, si σ est l'endomorphisme de Frobenius, $Tr(\sigma \circ i^*(V_1))$ calcule les points de Weierstrass rationnels. Ces points ne font pas partie de l'ouvert affine de la courbe hyperelliptique qu'on considère. D'où le nombre de points de la courbe hyperelliptique dans l'ouvert affine $\{Y \neq 0\}$ est donné par $Tr(\sigma^*(V_1))$.

On va donc calculer l'action du Frobenius sur le sous-espace vactoriel de base $< \frac{X^i dX}{Y}$, $i = 0, ..., g-1 >$.

Calcul de l'action de Frobenius

On doit donc calculer l'action de Frobenius sur les éléments $\frac{X^i dX}{Y}$ pour i allant de 0 à $2g - 1$, où g est le genre de la courbe. D'aprés ce qui précède, on a :

$$
\begin{aligned}
\frac{1}{Y^\sigma} &= Y^{-p}(1 + pE(X,Y))^{-\frac{1}{2}} \\
&= Y^{-p} \sum_{i \geq 0} \frac{A_i(X)}{Y^{2i}}
\end{aligned}
$$

Les polynômes $A_i(X)$ sont à coefficients dans $W(\mathbb{F}_q)$. En fait, d'un point de vue pratique, lorsque l'on calcule dans $W(\mathbb{F}_q)$, on travaille à une précision donnée a (*i.e* les éléments sont calculés *modulo* p^a). Supposons qu'on travaille à la précision N_1, c'est à dire que les coefficients sont dans $W(\mathbb{F}_q)/p^{N_1}W(\mathbb{F}_q)$. Le développement de la série exprimant $\frac{1}{Y^\sigma}$ est alors fini, puisque pour les entiers i trés grands, A_i est divisible par p^{N_1}. Il existe donc un entier N tel que :

$$\frac{1}{Y^\sigma} = Y^{-p} \sum_{i=0}^{N} \frac{A_i(X)}{Y^{2i}}.$$

La précision avec laquelle on doit travailler sera explicitée plus tard. Pour i allant de 0 à $2g - 1$, on obtient donc :

$$
\begin{aligned}
(\frac{X^i dX}{Y})^\sigma &= \frac{X^{pi}d(X^p)}{Y^\sigma} \\
&= \frac{pX^{pi+(p-1)}dX}{Y^\sigma} \\
&= Y^{-p} \sum_{i=0}^{N} \frac{pX^{pi+(p-1)}A_i(X)dX}{Y^{2i}} \\
&= \sum_{i=0}^{N} \frac{B_i(X)dX}{Y^{2i+p}}
\end{aligned}
$$

Il nous faut maintenant pouvoir exprimer $(\frac{X^i dX}{Y})$ dans la base
$< \frac{X^i dX}{Y}, \ 0 \le i \le 2g - 1 >$. Pour ceci, nous utilisons trois algorithmes de réduction (dont deux, Red1 et Red2, sont décrits dans l'article de Kedlaya) qui permettent de diminuer le degré en Y du dénominateur et le degré en X du numérateur.

Simpson : On pose $f = \sum_{j=0}^{K} \frac{R_j(X)dX}{Y^{2j+1}}$ un élément de la cohomologie. Soit $R_K(X) = L(X)Q(X) + F_K(X)$ la division de R_K par Q. On obtient donc

$$
\begin{aligned}
\frac{R_K(X)}{Y^{2K+1}} &= \frac{(L(X)Q(X) + F_K(X))dX}{Y^{2K+1}} \\
&= \frac{L(X)dX}{Y^{2K-1}} + \frac{F_K(X)dX}{Y^{2K+1}},
\end{aligned}
$$

car $Q(X) = Y^2$.

Si on réitère cela pour les entiers j décroissants jusqu'à 1, on obtient

$$f = \frac{G(X)dX}{Y} + \sum_{j=1}^{K} \frac{F_j(X)dX}{Y^{2j+1}},$$

tel que pour tout j, $deg(F_j) \leq 2g$.

Red1 : On a

$$f = \frac{G(X)dX}{Y} + \sum_{j=1}^{K} \frac{F_j(X)dX}{Y^{2j+1}}$$

tel que pour tout j, $deg(F_j) \leq 2g$.

Considérons le terme $\frac{F_K(X)dX}{Y^{2K+1}}$. Comme Q n'a pas de racines doubles, il est premier avec Q'. Donc il existe $b(X)$, $c(X)$ tels que

$b(X)Q(X) + c(X)Q'(X) = 1$.

On pose (*)

$$\begin{cases} R(X) = b(X)F_k(X) \bmod Q'(X) \\ S(X) = c(X)F_k(X) \bmod Q(X) \end{cases}$$

On a alors $R(X)Q(X) + S(X)Q'(X) = F_k(X)$.

En effet, il est évident qu'on a :

$$F_k(X)b(X)Q(X) + F_k(X)c(X)Q'(X) = F_k(X)$$

D'autre part, si on explicite (*), il existe deux polynômes T_1 et T_2 tels que

$$R(X) + Q'(X)T_1(X) = b(X)F_k(X),$$

$$S(X) + Q(X)T_2(X) = c(X)F_k(X).$$

D'où,

$$\underbrace{R(X)\,Q(X)\,+\,S(X)\,Q'(X)}_{deg < 4g+1} + \underbrace{Q(X)\,Q'(X)}_{deg = 4g+1}(T_1(X)+T_2(X)) = \underbrace{F_k(X)}_{deg < 4g+1}.$$

Pour des raisons évidentes sur le degré, on doit avoir $T_1(X) + T_2(X) = 0$. Ce qui donne le résultat.

On a donc l'égalité suivante

$$\frac{F_k(X)dX}{Y^{2k+1}} = \frac{R(X)Q(X)dX}{Y^{2k+1}} + \frac{S(X)Q'(X)dX}{Y^{2k+1}}.$$

D'autre part, on a $d(\frac{S(X)}{Y^{2k-1}})$ qui est une forme exacte et donc $d(\frac{S(X)}{Y^{2k-1}}) \equiv 0$. Ce qui implique

$$\frac{S'(X)dX}{Y^{2k-1}} - \frac{(2k-1)S(X)}{Y^{2k}}dY \equiv 0. \quad (**)$$

Comme on a $Q'(X)dX = 2YdY$ dans $A^\dagger$, on peut remplacer dY dans $(**)$ par $\frac{Q'(X)dX}{Y^{2k}}$, ce qui donne :

$$\frac{(2k-1)S(X)Q'(X)dX}{Y^{2k+1}} \equiv \frac{S'(X)dX}{Y^{2k-1}}$$

$$\frac{S(X)Q'(X)dX}{Y^{2k+1}} \equiv \frac{2S'(X)dX}{(2k-1)Y^{2k-1}}$$

On a ainsi

$$\frac{F_k(X)dX}{Y^{2k+1}} \equiv \frac{R(X)dX}{Y^{2k-1}} + \frac{2S'(X)dX}{(2k-1)Y^{2k-1}}.$$

Cela permet de diminuer le degré du dénomirateur en Y. De plus, il est important de remarquer que les degrés de $R(X)$ et de $S'(X)$ sont inférieurs à $2g$. Si on applique cette formule de réduction pour j allant de k à 3, on obtient un polynôme G_2 tel que :(on peut montrer que le degré de G_2 est inférieur à $2pg$).

Red2 : On considère maintenant un élément de la cohomologie de la forme $f = \frac{G(X)dX}{Y}$ avec $deg\,(G) \geq 2g$.

Soit $S(X)$ un polynôme. On a $d(\frac{S(X)Q(X)}{Y}) \equiv 0$. Ce qui donne

$$\frac{S(X)Q'(X) + S'(X)Q(X)}{Y}dX - \frac{S(X)Q(X)}{Y^2}dY \equiv 0$$

$$\frac{S(X)Q'(X) + S'(X)Q(X)}{Y}dX - S(X)dY \equiv 0$$

$$\frac{S(X)Q'(X) + S'(X)Q(X)}{Y}dX - \frac{S(X)Q'(X)}{2Y}dX \equiv 0$$

D'où,

$$\frac{S(X)Q'(X) + 2S'(X)Q(X)}{Y}dX \equiv 0.$$

Soit d le degré de G. En posant $S(X) = X^{d-2g}$, on a :

$$\underbrace{(2(d-2g)X^{d-2g-1}Q(x) + X^{d-2g}Q'(X))}_{T(X)}\frac{dX}{Y} \equiv 0.$$

Le polynôme $T(X)$ est un polynôme de degré d avec le coefficient dominant $2(d-2g) + 2g + 1 = 2d - 2g - 1$ qui est non nul.

En soustractant $\frac{T(X)dX}{Y}$ multiplié par le bon coefficient à f, on obtient que $f \equiv \frac{G_2(X)dX}{Y}$ avec $deg\,(G_2) < deg\,(G)$. En répétant l'opération plusieurs fois, on obtient que f est équivalente à $\frac{H(X)dX}{Y}$ avec $deg\,(H) < 2g$.

Calcul du polynôme caractéristique

Les trois algorithmes de réduction permettent ainsi de calculer la matrice $(2g \times 2g)$ M qui fait agir le frobenius sur la base de la cohomologie :

$$(\frac{dX}{Y}......\frac{X^{2g-1}dX}{Y})^{\sigma} = (\frac{dX}{Y}......\frac{X^{2g-1}dX}{Y})M.$$

On doit ensuite calculer la matrice $M' = MM^{\sigma}M^{\sigma^2}...M^{\sigma^{n-1}}$. La matrice M^{σ} est obtenue en appliquant le Frobenius dans $W(\mathbb{F}_q)$ à chaque coefficient de la matrice M. La matrice M' obtenue est alors à coefficients dans $\frac{\mathbb{Z}_p}{p^{N_1}}$ et est celle qui fait agir le Frobenius à la puissance q sur la base de la cohomologie.

On calcule ensuite le polynôme caractéristique χ de M' qui a ses coefficients dans $\frac{\mathbb{Z}_p}{p^{N_1}}$. Alors $\chi(1)$ est égal au cardinal de la jacobienne de $\mathcal{C}$ modulo p^{N_1}. On va maintenant déterminer la précision N_1 nécessaire pour connaître le cardinal de la jacobienne. Soit $X^{2g} + a_1 X^{2g-1} + ... + a_{2g}$ le polynôme caractéristique du Frobenius. On sait que $a_{g+i} = q^i a_{g-i}$ (voir [Har]), et donc il suffit en fait de calculer $a_1, ..., a_g$. De plus, l'hypothèse de Riemann pour les courbes nous dit que :

$$\mid a_i \mid \leq (\begin{smallmatrix} 2g \\ i \end{smallmatrix})q^{\frac{i}{2}}.$$

Pour tout $i \leq g$, on a donc la majoration :

$$\mid a_i \mid \leq (\begin{smallmatrix} 2g \\ g \end{smallmatrix})q^{\frac{g}{2}}.$$

Ainsi, pour calculer le polynôme caractéristique du frobenius, il suffit de calculer à la précision N_1 telle que N_1 soit le plus petit entier avec $p^{N_1} \geq 2(2^{2g}q^{\frac{g}{2}})$. En effet, une fois calculé $\tilde{a}_i$ qui est égal à a_i modulo p^{N_1}, pour obtenir a_i, il suffit de savoir lequel de $\tilde{a}_i$ ou de $\tilde{a}_i - p^{N_1}$, a une norme inférieure à $2^{2g}q^{\frac{g}{2}}$. D'où, on prend

$$N_1 = \lceil log_p(2(\begin{smallmatrix} 2g \\ g \end{smallmatrix})q^{\frac{g}{2}}) \rceil.$$

Implémentation algorithmique

Dans la partie précédente, nous avons expliqué l'idée générale de l'algorithme de Kedlaya, c'est à dire calculer le polynôme caractéristique du Frobenius sur la courbe, en passant par une cohomolgie adaptée, comme celle de Monsky-Washnitzer. Nous avons aussi donné globalement les étapes permettant d'arriver à ce résultat : c'est à dire calculer l'action du Frobenius sur la base de la cohomolgie en utilisant les algorithmes de réduction présentés dans son article.

Dans cette partie, nous donnerons dans un premier temps une description détaillée de l'algorithme de Kedlaya dans un langage formalisé.
Soit un polynôme Q à coefficients dans un corps $\mathbb{F}_q$ ($q = p^n$, avec p premier impair), sans racine double. Le but de l'algorithme est de déterminer le nombre de points de la courbe hyperelliptique sur $\mathbb{F}_q$, définie par l'équation $y^2 = Q(x)$. On note g le genre de la courbe, c'est à dire l'entier positif tel que le degré de Q soit égal à $2g + 1$. L'algorithme renvoie en fait le polynôme caractéristique du Frobenius sur cette courbe.

Le programme principal est l'algorithme 7. Celui-ci fait appel aux algorithmes 4, 5 et 6 qui sont les algorithmes permettant la réduction des éléments de la cohomologie. Tout d'abord on décrit deux algorithmes permettant de calculer l'action du Frobenius absolu sur les éléments de $W(\mathbb{F}_q)$.

Par ailleurs, on explicite l'algorithme de *Newton* qui, étant donnée une racine d'un polynôme dans $\mathbb{F}_q$, la relève dans $W(\mathbb{F}_q)$ à une précision N souhaitée.

Algorithme 5.3.4 *Newton*

Entrée : *Un polynôme $F \in \mathbb{F}_q[X]$, une racine x_0 de $\mathbb{F}_q$ telle que $F'(x_0) \neq 0$, une précision souhaitée N_1.*

Sortie : *Un élément x de $W(\mathbb{F}_q)$ telle que $F(x) = 0 \bmod p^{N_1}$.*

1. $x \leftarrow x_0$;

2. $p_{re} \leftarrow 1$;

3. *Tant que $p_{re} < N_1$ Faire :*
   $x \leftarrow x - (F(x)/F'(x))$;
   $P_{re} \leftarrow 2 * p_{re}$;

4. *Retourner $x \bmod p^{N_1}$;*

Nous allons maintenant donner deux algorithmes permettant de calculer le Frobenius d'un élément n de $W(\mathbb{F}_q)$. Le premier est basé sur la décomposition de Witt :

Algorithme 5.3.5 *Frobenius 1*

Entrée : *Un élément x de $W(\mathbb{F}_q)/p^{N_1}$.*

Sortie : *L'image de x par l'action du Frobenius*

1. *Si $x = 0$ Alors Retourner x ;*

2. $P \leftarrow x^{q-1} - 1$;

3. $x_1 \leftarrow x$;

4. $x_2 \leftarrow 0$;

5. *Pour i allant de 0 à $N_1 - 1$ Faire :*
   $-temp \leftarrow x_1 \bmod p$;
   $-Si\ temp \neq 0$ *Alors* $temp \leftarrow Newton(P, temp, N_1)$;
   $-x_2 \leftarrow temp^p * p^i + x_2$;
   $-x_1 \leftarrow \frac{x_1 - temp}{p}$;

6. *Retourner x_2.*

Si on écrit $W(\mathbb{F}_q) = W(\mathbb{F}_p)[t]/\overline{F}(t)$ avec $\overline{F}$ est le relèvement dans $W(\mathbb{F}_p)[t]$ du polynôme F définissant $\mathbb{F}_q$ comme extension de $\mathbb{F}_p$, on a un autre algorithme pour calculer le Frobenius d'un élément de $W(\mathbb{F}_q)$ basé sur le pré-calcul de t^σ. En effet, on a $t^\sigma \bmod p^{N_1} = Newton(F, t^p, N_1)$. Pour calculer le Frobenius d'un élément x, on se base sur l'algorithme suivant :

Algorithme 5.3.6 *Frobenius 2*
Entrée : *Un élément* $x = a_0 + a_1 t + ... + a_{n-1} t^{n-1}$ *de* $W(\mathbb{F}_q)$, *les coefficients* a_i *appartenant à* $W(\mathbb{F}_q)$ *et* t^σ *modulo* p^{N_1}.
Sortie : *Le Frobenius de* x *modulo* p^{N_1}.

1. $x_1 \leftarrow 0$;

2. *Pour* i *allant de* 0 *à* $n - 1$ *Faire :*
   $x_2 \leftarrow x_2 + a_i t_i^\sigma$;

3. *Retourner* x_1.

On voit que l'algorithme *Frobenius* 2 , une fois effectué le pré-calcul de t^σ, ne nécessite aucun appel à la fonction *Newton* contrairement à *Frobenius* 1 qui l'appelle N_1 *fois*. En pratique, on utilisera donc l'algorithme *Frobenius* 2.

Nous allons maintenant donner les trois algorithmes vus dans la partie précédente qui permettent de réduire le degré des numérateur et des dénominateurs des éléments de la cohomologie. Le premier n'est pas explicitemnet décrit dans l'article de Kedlaya, au contraire des deux autres .

Algorithme 5.3.7 *Simp*
Entrée : *Une série* f *de la forme* $\sum_{i \geq 0} F_i(x)/y^{2i+1}$ *avec les polynômes* F_i *à coefficients dans* $W(\mathbb{F}_q)/p^{N_1}$ *et* Q *le polynôme dans* $W(\mathbb{F}_q)/p^{N_1}[x]$ *définissant la courbe.*
Sortie : *Une série* f' *de la forme* $\sum_{i \geq 0} G_i(x)/y^{2i+1}$ *avec les polynômes* G_i *à coefficients dans* $W(\mathbb{F}_q)/p^N$ *et de degré inférieur à* $2g$ *pour* $i > 0$, *telle que* $f'dx$ *est cohomologue à* $f\,dx$.

1. $n \leftarrow \max\{i, F_i(x) \neq 0\}$;

2. *Pour* i *allant de* n *à* 1 *par* -1 *Faire :*
   Calculer q *et* r, *respectivement quotient et reste de la division de* F_i *par* Q
   $f \leftarrow f + \frac{r - F_i(x)}{y^{2i+1}} + \frac{q}{y^{2i-1}}$;

3. Retourner f .

Algorithme 5.3.8 *Red 1*

***Entrée** : Une série f de la forme $\sum_{i \geq 0} F_i(x)/y^{2i+1}$ avec les F_i à coefficients dans $W(\mathbb{F}_q)/p^{N_1}$ et de degré inférieur à $2g$, le polynôme Q dans $W(\mathbb{F}_q)/p^{N_1}[x]$ définissant la courbe.*

***Sortie** : Un polynôme $G(x)$ à coefficients dans $W(\mathbb{F}_q)/p^{N_1}$ tel que $G(x)dx/y$ est cohomologue à $f\, dx$.*

    1. $Q_2 \leftarrow \frac{dQ}{dx}$;

    2. Par un calcul de pgcd tendu, calculer b et c tels que $bQ + cQ_2 = 1$

    3. $deg \leftarrow max\{i, F_i(x) \neq 0\}$;

    4. $C_0 \leftarrow F_{deg}$;

    5. Pour i allant de $deg - 1$ à 1 par -1 Faire :

    $A_{kp1} \leftarrow b * C_0 mod\, Q_2$;

    $B_{kp1} \leftarrow c * C_0\, mod\, Q$;

    $B_{kp2} \leftarrow \frac{dB_{kp1}}{dx}$;

    $C_0 \leftarrow F_i + A_{kp1} + 2B_{kp2}/(2i - 1)$;

    6. Retourner C_0;

Algorithme 5.3.9 *Red 2*

***Entrée** : Un polynôme G à coefficients dans $W(\mathbb{F}_q)/p^{N_1}$ et Q le polynôme dans $W(\mathbb{F}_q)/p^{N_1}[x]$ définissant la courbe.*

***Sortie** : Un polynôme C_0 à coefficients dans $W(\mathbb{F}_q)/p^{N_1}$, de degré strictement inférieur à $2g$, tel que $C_0 dx/dy$ est cohomologue à Gdx/dy .*

    1. $Q_2 \leftarrow \frac{dQ}{dx}$;

    2. $d \leftarrow Deg(Q)$;

    3. Pour j allant de $Deg(G)$ à $d - 1$ par -1 Faire :

    $S \leftarrow x^{j+1-d}$;

    $S_2 \leftarrow \frac{dS}{dx}$;

    $T \leftarrow 2 * S_2 * Q + S * Q_2$;

    $C_0 \leftarrow C_0\, mod\, T$;

4. Retourner C_0 .

On présente maintenant l'algorithme de Kedlaya formalisé, qui fait appel aux fonctions précédemment décrites.

Algorithme 5.3.10 *Algorithme de Kedlaya*

Entrée *: Un polynôme Q à coefficients dans $\mathbb{F}_q$, dans l'indéterminée x, définissant la courbe hyperelliptique $y^2 := Q(x)$.*

Sortie *: Le polynôme caractéristique du Frobenius .*

1. *Récupération des données : caractéristiques du corps p, genre de la courbe g, le polynôme F définissant $\mathbb{F}_q$ ...*

2. *$N_1 \leftarrow \lceil log_p(2(\,{}^{2g}_{\;g}\,)q^{\frac{g}{2}})\rceil$;*

3. *Création de $W(\mathbb{F}_q)/p^{N_1}$.*

4. *$Q \leftarrow$ relvement de Q dans $W(\mathbb{F}_q)/p^{N_1}[x]$;*

5. *Calcul de t^σ*
   $t_s \leftarrow Newton(F, t^p, N_1)$;

6. *Calcul de Q^σ*
   $Q^\sigma \leftarrow 0$;
   Pour i allant de 0 à $deg(Q)$ Faire :
   $Q^\sigma \leftarrow Q^\sigma + Frobenius2\,(Coefficients\ de\ Q\ de\ degré\ i, t_s)\ x^{ip}$;

7. *Calcul de la série $\frac{1}{y^\sigma}$*
   $s \leftarrow 1 + (Q^\sigma - Q^p) * Y^{2p}$; (Y pour $\frac{1}{y}$)
   $t_1 \leftarrow 1;$
   $p_r \leftarrow 1;$
   Tant que $p_r < N_1$ Faire $t_1 \leftarrow \frac{3}{2}t_1 - \frac{1}{2}st_1^3, p_r \leftarrow 2p_r$;
   $t_1 \leftarrow t_1 * Y^p$;

8. *Pour i allant de 0 à $2g - 1$ Faire :*
   $f_i \leftarrow px^{pi+p-1}t_1$;
   $f_i \leftarrow Simp(f_i, Q)$; (remplacer Y par $\frac{1}{y}$)
   $f_i \leftarrow Red1(f_i, Q);$
   $f_i \leftarrow Red2(f_i, Q);$

9. *Création de la matrice M , $2g \times 2g$, correspondant à σ.*

   Pour i, j allant de 1 à $2g$, Faire $M[i,j] \leftarrow Coef\ f(f_j, i-1)$;

10. *Calcul de la matrice $M' = MM^\sigma...M^{\sigma^{n-1}}$:*

    $M_2 \leftarrow M$

    Pour k allant de 2 à n Faire

    1. *Pour i, j allant de 1 à $2g$, Faire $M_2[i,j] \leftarrow Frobenius2(M[i,j], t_s)$;*

    2. $M \leftarrow M\ M_2$;

11. *Calcul du polynôme caractéristique du Frobenius*

    $C_p \leftarrow Polynôme\ caractéristque(M)$;

    $C_{p2} \leftarrow 0$;

    Pour i allant de 0 à g Faire :

    1. $B \leftarrow \lceil log_p(2(\ {}^{2g}_{\ i}\ )q^{\frac{i}{2}}) \rceil$;

    2. $a \leftarrow Coeff(C_p, 2g-i)\ mod\ p^B$;

    3. *Si $a < [\frac{p^B}{2}]$ Alors $a \leftarrow a - p^B$*

    4. $C_{p2} \leftarrow C_{p2} + ax^{2g-i}$;

    5. *Si $i \neq g, C_{p2} \leftarrow C_{p2} + aq^{g-i}x^i$* ;

12. *Retourner C_{p2} .*

Chapitre 6

Attaque et Implémentation

6.1 Problème du logarithme discret

Définition 6.1.1 *le problème du logarithme discret est le suivant : Soit G un groupe abélien fini noté additivement. Soit D_1 un élément de G d'ordre N et D_2 un élément du sous-groupe cyclique engendré par D_1. Le but est de trouver l'entier λ dans l'intervalle $[0, N-1]$ tel que*

$$D_2 = \lambda.D_1.$$

L'entier λ est appelé logarithme discret de D_2 en base D_1, et est noté $log_{D_1}(D_2)$

Au chapitre précédent, nous avons vu des algorithmes permettant de calculer le cardinal d'un groupe générique, c'est-à-dire des algorithmes qui ne s'appuient que sur la structure de groupe, et n'utilise pas des propriétés particulières du groupe qu'on étudie. Nous allons décrire le même type d'algorithme, mais cette fois ci dans le but de résoudre le problème du logarithme discret. Notons qu'il existe une borne inférieure sur le nombre moyen d'opérations dans le groupe qu'un tel algorithme générique doit exécuter pour résoudre le logarithme discret. Les algorithmes ci-dessous atteignent cette borne et sont en ce sens optimaux.

6.1.1 Réduction de Pohlig-Hellman

Pohlig et Hellman ont ramené le problème du logarithme discret dans un groupe cyclique d'ordre quelconque à des problèmes de log discret dans des sous-groupes d'ordre premier divisant l'ordre du groupe initial.

Soit $N = \prod p_i^{e_i}$ la décomposition en facteurs premier de l'ordre de D_1. Nous supposons que cette factorisation est connue, ce qui n'est pas déraisonnable compte-tenu du fait qu'actuellement les algorithmes de factorisation sont bien plus efficaces que ceux de logarithme discret générique.

On veut résoudre $D_2 = \lambda.D_1$. Pour tout i, on multiplie cette opération par le cofacteur de $p_i^{e_i}$:

$$\frac{N}{p_i^{e_i}}.D_2 = (\lambda \bmod p_i^{e_i}) \frac{N}{p_i^{e_i}}.D_1$$

où l'entier λ est pris modulo l'ordre de $B_i = \frac{N}{p_i^{e_i}}.D_1$. Ainsi, trouver $\lambda \bmod p_i^{e_i}$ est faisable par un calcul pour tout les entiers i Il est alors facile de reconstruire λ par le théorème Chinois.

On a donc ramené un calcul de log discret dans un groupe d'ordre composé N à un nombre polynômial de calculs de log discrets dans des sous-groupes d'ordre des puissances de nombres premiers. On suppose donc dorénavant que l'ordre de D_1 est $N = p^e$, où p est un nombre premier. Ecrivons λ en base p, on a

$$D_2 = \lambda D_1 = (\lambda_0 + p\lambda_1 + ... + \lambda_{e-1}p^{e-1})D_1$$

On multiplie alors ceci par p^{e-1} et on obtient

$$p^{e-1}D_2 = \lambda_0 p^{e-1}D_1.$$

Trouver λ_0 revient donc à calculer un log discret dans le sous-groupe engendré par $p^{e-1}D_1$ qui est l'ordre p. Supposons que cela a été effectué, on peut alors calculer $D_2' = D_2 - \lambda_0 D_1$. Cet élément vérifie

$$D_2' = (\lambda_1 + ... + \lambda_{e-1}p^{e-1})pD_1$$

et les autres coefficients de λ peuvent être calculés par une résolution de log discret dans le sous-groupe engendré par pD_1 dont l'ordre est p^{e-1}.

En itérant ce processus, on voit facilement que le calcul de λ revient à résoudre le log discret dans des sous-groupes d'ordre p.

Ainsi, au prix d'un nombre polynômial d'opérations dans le groupe, un calcul de log discret se ramène à $O(logN)$ calculs de log discrets dans des sous-groupes d'ordre premier divisant N.

On déduit de cette réduction que si l'ordre du groupe ne contient pas de grand facteur premier (entier friable), alors le calcul du logarithme discret est facilité. Nous supposerons dorénavant dans tout problème de logarithme discret que l'ordre du groupe N est un nombre premier grand.

6.1.2 Méthodes en racines carrée

Pas de bébé, pas de géant

La méthode de Shanks que nous avons étudiée peut s'adapter presque directement au problème de log discret. En effet il s'avère qu'elle s'applique à de nombreuses situations où l'on cherche un entier dans un intervalle et que l'on dispose d'une certaine structure de groupe liée au problème. On réduit alors le nombre d'opérations à la racine carrée de ce qui serait nécessaire par une recherche exhaustive. Dans notre contexte, celle-ci consisterait à essayer toutes le valeurs de λ les unes après les autres, jusqu'à trouver la bonne. Cela nécessite donc $O(N)$ opérations dans le groupe. Comme pour le calcul de l'ordre d'un élément, la stratégie repose sur l'écriture de λ en base $\sqrt{N}$: soient $\lambda_1 \in [0, [\sqrt{N}] - 1]$ et $\lambda_2 \in [0, [\sqrt{N}]]$ tels que

$$\lambda = \lambda_0 + [\sqrt{N}]\lambda_1.$$

L'égalité $\lambda.D_1 = D_2$ de donne lieu à

$$\lambda_0.D_1 = D_2 - \lambda_1[\sqrt{N}].D_1.$$

On peut alors précalculer tous les membres de gauche possibles (pas de bébé) les stockers dans une table, puis calculer tous les membres de droite (pas de géant) en cherchant à chaque fois si l'élément est dans la table. Nous ne redonnons pas ici l'algorithme détaillé. La principale difficulté est la gestion efficace de la structure de données nécessaire. Comme dans le calcul de la cardinalité, il peut être nécessaire de modifier la valeur $\sqrt{N}$ comme base d'écriture de λ.

L'exécution de cet algorithme nécessite en moyenne $O(\sqrt{N})$ opérations dans le groupe. Plus précisément, en moyenne la solution est trouvée au milieu de la phase "pas de géant" et le nombre moyen d'opérations est $\frac{3}{2}\sqrt{N}$. Le problème majeur de cette méthode, comme pour le calcul du nombre de points est que la complexité en espace est la même que la complexité en temps, c'est-à-dire $O(\sqrt{N})$.

Méthodes Rho et consorts

La méthode de Rho, due à Pollard, est un algorithme probabiliste qui permet de résoudre le problème du log discret avec complexité heuristique moyenne qui est la même que pour la méthode de Shanks, mais qui nécessite quasiment aucun espace mémoire. Nous n'allons pas rappeler la version originale de l'algorithme, mais préférer les variantes qui présentent l'avantage d'être facilement manipulable en pratique.

Le point clef de la méthode est l'introduction d'une marche pseudo-aléatoire dans le groupe. On commence par précalculer un nombre r de décalages : Pour tout entier j compris entre 1 et r, soit

$$T_j = a_j D_1 + b_j D_2,$$

où a_j et b_j sont des entiers choisis aléatoirement dans l'intervalle $[0, N-1]$. On se donne ensuite une fonction de hachage $\mathcal{H}$ du groupe G vers l'intervalle $[1, r]$. On peut alors définir une fonction pseudo-aléatoire f de la manière suivante :

$$f(R) = R + T_{\mathcal{H}(R)}.$$

La marche pseudo-aléatoire annoncée est obtenue en itérant cette fonction.

Le point initial

$$R_0 = \alpha_0 D_1 + \beta_0 D_2.$$

est obtenu en itérant les α_0 et β_0 aléatoirement dans l'intervalle $[0, N-1]$. Puis pour tout entier i, on écrit

$$R_{i+1} = f(R_i) = R_i + T_{\mathcal{H}(R_i)}.$$

Une particularité importante de cette marche aléatoire est qu'elle permet de maintenir une expression en terme des éléments D_1 et D_2. Si on sait que $R_i = \alpha_i D_1 + \beta_i D_2$, alors on peut calculer $\alpha_{i+1} = \alpha_i + a_{\mathcal{H}(R_i)} \bmod N$ et $\beta_{i+1} = \beta_i + b_{\mathcal{H}(R_i)} \bmod N$ de sorte que $R_{i+1} = \alpha_{i+1} D_1 + \beta_{i+1} D_2$.

Comme le groupe est fini, il existe deux indices i et j tels que $R_i = R_j$. En utilisant l'expression de ces éléments en termes de D_1 et D_2, on obtient

$$(\alpha_i - \alpha_j) D_1 = (\beta_i - \beta_j) D_2$$

Si β_i et β_j sont deux entiers différents modulo N (N est supposé un nombre premier), alors le résultat est donné par

$$\lambda = \frac{\alpha_i - \alpha_j}{\beta_i - \beta_j} \bmod N.$$

L'algorithme est donc le suivant :

Algorithme 6.1.2 *Méthode de Rho*

   Entrée : D_1 d'ordre premier, $D_2 \in\, <D_1>$, un paramètre r, et une fonction de hachage $\mathcal{H}$.

   Sortie : Le log discret de D_2 en base D_1

   1. *Construire les décalages $T_j = a_j D_1 + b_j D_2$ pour $1 \leq j \leq r$;*

   2. *Initier la marche aléatoire :*

   3. *$R \leftarrow \alpha D_1 + \beta D_2$;*

   4. *$S \leftarrow \{(R, \alpha, \beta)\}$;*

   5. *Tant que le résultat n'est pas trouvé :*

   6. *$j \leftarrow \mathcal{H}(R)$;*

7. $R, \alpha, \beta \leftarrow R + T_{\mathcal{H}(R)}, \alpha + a_{\mathcal{H}(R)}, \beta + b_{\mathcal{H}(R)}$;

8. Si R est déja dans S avec les coefficients α', β' alors

9. Si $\beta - \beta'$ est inversible modulo N, retourner $\frac{\alpha - \alpha'}{\beta - \beta'}$ mod N ;

10. $S \leftarrow S \cup \{(R, \alpha, \beta)\}$;

L'analyse en moyenne de temps de calcul de cet algorithme peut être faite sous l'hypothèse que la fonction f est aléatoire(i.e. la suite des éléments R qu'on calcule est aléatoire). Des travaux théoriques et des expériences pratiques montrent qu'en prenant $r \geq 20$, cette hypothèse est raisonnable. Le nombre moyen d'itération est

$$\sqrt{\frac{\pi N}{2}}$$

Cette collision produit le log discret avec une probabilité $1 - \frac{1}{N}$, c'est-à-dire presque à coup sûr pour des valeurs non triviales de N.

6.2 Attaque de Frey-Rück

Les courbes elliptiques supersingulières sont plus faibles que les courbes elliptiques quelconques, à cause d'une attaque dite de **MOV,** du nom de ses auteurs Menzes, Okamoto, Vanstone [MOV]. Cette attaque a été généralisée à des courbes de genre supérieur par Frey et Rück . Nous présentons ici cette dernière méthode :

6.2.1 Couplage de Tate

Soit $\mathcal{C}$ une courbe définie sur un corps $\mathbb{K}$ et soit f une fonction sur $\mathcal{C}$. Il est possible d'évaluer f en un point de la courbe. On obtient un scalaire où l'infini si la valuation de f en ce point est négative. Plus généralement, si D est un diviseur dont le support est disjoint de $div(f)$, il est possible de définir $f(D)$. Pour cela, on écrit $D = \sum n_i P_i$, et on définit $f(D)$ en étendant linéairement sa valeur en les points :

$$f(\sum n_i P_i) = \prod f(P_i)^{n_i}.$$

L'hypothèse sur les supports disjoints assure que le résultat est un scalaire non nul et évite les problèmes d'indétermination.

Définition 6.2.1 *Soit C une courbe de genre g définie sur un corps. Soit N un entier premier à la caractéristique de $\mathbb{K}$ et soient D_1 et D_2 deux diviseurs de degré 0 de support disjoints. On suppose que la classe de D_1 dans la jacobienne est d'ordre N.*

Soit f une fonction sur C telle que $div(f) = N.D_1$. Alors le couplage de Tate de D_1 et D_2 est défini par

$$\{D_1, D_2\}_N = f(D_2).$$

Dans [FR], le théorème suivant est prouvé :

Théorème 6.2.2 *Soient $\overline{D_1}$ et $\overline{D_2}$ deux éléments de la jacobienne de C, avec $\overline{D_1}$ d'ordre N. Soient D_1 et D_2 des représentants des éléments $\overline{D_1}$ et $\overline{D_2}$ ayant des supports disjoints. On peut alors poser*

$$\{\overline{D_1}, \overline{D_2}\}_N = \{D_1, D_2\}_N$$

Cela définit un scalaire unique à une puissance $N^{ème}$ prés dans $\mathbb{K}$.

De plus ce couplage est une application bilinéaires, qui est non dégénérée si $\mathbb{K}$ contient des racines $N^{ème}$ de l'unité.

Ainsi, étant donnés deux éléments de la jacobienne, le premier étant de $N - torsion$, on peut fabriquer un scalaire modulo les puissances $N^{ème}$. Ce scalaire peut être calculé en pratique de manière efficace. Tout d'abord, trouver des représentants à support disjoint n'est pas vraiment un problème, puisqu'on peut ajouter des diviseurs principaux autant qu'on veut. Ensuite, le point clef est le calcul d'une fonction f telle que $div(f) = N.D_1$.

On suppose que l'on sait calculer dans la jacobienne, soit l'on dispose une version effective du théorème de Riemann-Roch pour la courbe considérée, soit il s'agit d'une courbe hyperelliptique et l'on utilise l'algorithme de Cantor. Partant de D_1 vu comme un élément de la jacobienne, on peut calculer N fois ce diviseur et on obtient le diviseur nul (par hypothèse sur D_1). Cette multiplication par N se fait par des addition et doublements successifs en $O(logN)$ étapes. A chaque fois qu'on réduit le diviseur en utilisant le théorème de Riemann-Roch, on ajoute en fait le diviseur d'une fonction. En gardant en mémoire toutes les fonctions dont on ajoute ou on retranche le diviseur, on a ainsi la description de la fonction f cherchée.

Par exemple, dans le cas des courbes elliptiques, pour réduire un diviseur de poids 2 en un diviseur de poids 1, on fait passer une droite par les deux points, cette droite coupe la courbe en un troisième point et on prend le symétrique (c'est la fameuse loi "sécante-tangente"). Les fonctions dont on ajoute les diviseurs sont dans ce cas données par les équations des droites que l'on doit tracer. Le cas des courbes générales n'est pas plus compliqué pourvu que l'on sache calculer dans la jacobienne.

Une fois que l'on connaît la fonction f, l'évaluation en D_2 est aisée. Toutefois, la fonction f a un degré de l'ordre de $O(N)$ pour son numérateur et son dénominateur, et la stocker sous forme développée n'est possible qu'au prix d'un espace et d'un temps de calcul de l'ordre de $O(N)$ au minimum. Pour éviter ce coût prohibitif deux stratégies sont envisageables :

– Il est possible de stocker f sous sa forme factorisée : on a alors $O(logN)$ facteurs (éventuellement à de grande puissances). Ce stockage facilite de plus l'évaluation et rend polynômial le temps de calcul du couplage de Tate.

– Au lieu de stocker la fonction f, on l'évalue au fur et à mesure en D_2 à chaque étape de la multiplication par N. Cette méthode est plus simple à implanter.

Finalement, on a le résultat suivant :

Proposition 6.2.3 *Soit C une courbe pour laquelle on sait calculer dans la jacobienne. Alors le calcul du couplage de Tate d'ordre N de deux diviseurs nécessite $O(logN)$ d'opérations dans le corps de base et dans la jacobienne.*

6.2.2 Algorithme de réduction

Le couplage de Tate peut être utilisé pour transférer un problème de logarithme discret d'ordre N dans la jacobienne d'une courbe vers un problème de logarithme discret dans la plus petite extension du corps de base contenant les racines $N^{\text{ème}}$ de l'unité.

Algorithme 6.2.4 *Réduction Frey-Rück*

Entrée : *Une courbe $\mathcal{C}$ définie sur $\mathbb{F}_q$, D_1 d'ordre N dans la jacobienne de $\mathcal{C}$ et $D_2 \in < D_1 >$.*

Sortie : *Le log discret de D_2 en base D_1.*

1. *Déterminer k minimal tel que N divise $q^k - 1$;*

2. *Choisir $E \in Jac(\mathcal{C})/\mathbb{F}_{q^k}$ aléatoirement ;*

3. *Calculer les couplages de Tate $d_1 = \{D_1, E\}_N$ et $d_2 = \{D_2, E\}_N$;*

4. *Si d_1 est une puissance , retourner à l'étape 2 ;*

5. *Résoudre le problème de log discret $d_2 = d_1^\lambda$, avec λ défini modulo N ;*

6. *Retourner λ.*

Cet algorithme permet donc de tirer parti de l'existence d'algorithmes sous-exponentiels pour le log discret dans les corps finis. C'est grâce à cette méthode que Frey et Rück ont pu casser certains cryptosystèmes proposés dans le premier article de Koblitz sur la cryptographie hyperelliptique. Ces courbes, définies sur des extensions du corps $\mathbb{F}_2$ avaient pour équation $y^2 + y = x^5 + x^3$, $y^2 + y = x^5 + x^3 + x$ et $y^2 + y = x^5$. Notons que ces courbes sont en fait supersingulières, elles sont donc isogènes (éventuellement sur une extension) à un produit de courbes elliptiques supersingulières.

Le problème du logarithme discret peut aussi être attaqué par cette voie : On transfère le problème en un problème sur une courbe elliptique, puis par la réduction **MOV**, on peut se ramener à un corps fini. Ces deux approches sont équivalentes au sens de l'extension de $\mathbb{F}_q$ dans laquelle on est obligé de travailler.

6.2.3 Exemple déroulé en genre 2

Soit $\mathcal{C}$ la courbe sur $\mathbb{F}_2$ d'équation

$$y^2 + y = x^5 + x^3.$$

Le cardinal de sa jacobienne est 13 et on cherche le logarithme discret de

$$D_1 = <x^2 + x, 1> \quad \text{et} \quad D_2 = <x^2 + 1, 0>$$

Afin d'expliciter les calculs intermédiaires, nous allons donner les fonctions qui entrent en jeu, même si elles ne sont pas stockées en pratique, mais évaluées à la volée.

Commençons par rechercher une fonction f_1 telle que

$$div(f_1) = 13.D_1.$$

Pour cela on applique la méthode binaire de manière à multiplier par 13 le diviseur D_1 suivant l'algorithme de Cantor. Cependant on garde à chaque étape de réduction la fonction qui entre en jeu. On a tout d'abord

$$2.D_1 = <x,\ 0> + div(\varphi_1)$$

où $\varphi_1 = \frac{y+1}{x}$. Ensuite

$$4.D_1 = <x^2,\ 0> + div(\varphi_1^2).$$

Et un dernier doublement donne

$$8.D_1 = <x^2 + x,\ x + 1> + div(\varphi_1^4 \varphi_2),$$

où $\varphi_2 = \frac{y+x^3}{x(x+1)}$. On écrit ensuite $13 = 1 + 4 + 8$ et on obtient finalement

$$
\begin{aligned}
13.D_1 &= <x^2 + x,\ 1> + <x^2,\ 0> + <x^2 + x, +1> + div(\varphi_1^6 \varphi_2) \\
&= <x^2 + x,\ x> + <x^2 + x,\ x + 1> + div(x) + div(\varphi_1^6 \varphi_2) \\
&= div(x^2(x+1)) + div(x) + div(\varphi_1^6 \varphi_2) \\
&= div(x^2(x+1)\varphi_1^6 \varphi_2).
\end{aligned}
$$

La fonction f_1 cherchée est donc

$$f_1 = \frac{(y + x^3)(y + 1)^6}{x^5}.$$

De manière similaire pour D_2, la méthode binaire donne

$$2.D_2 = < x^2 + x, \ 1 > + div(\varphi_3 >,$$

où $\varphi_3 = \frac{y + x^3 + x}{x^3 + x}$. Ensuite

$$4.D_2 = < x, \ 0 > + div(\varphi_3^2 \varphi_1).$$

Puis

$$8.D_2 = < x^2, 0 > + div(\varphi_3^4 \varphi_1^2).$$

Et pour finir

$$
\begin{aligned}
13.D_2 &= \ < x^2 + 1, 0 > + < x, 0 > + < x^2, 0 > + div(\varphi_1^3 \varphi_3^6) \\
&= \ < x^2, 1 > + < x^2, 0 > + div(\frac{y}{x^2}) + div(\varphi_1^3 \varphi_3^6) \\
&= \ div(x^2) + div(\frac{y}{x^2}) + div(\varphi_1^3 \varphi_3^6) \\
&= \ div(y \varphi_1^3 \varphi_3^6)
\end{aligned}
$$

La fonction f_2 cherchée est donc

$$f_2 = \frac{y(y + 1)^3(y + x^3 + x)^6}{x^9(x + 1)^6}.$$

Pour appliquer l'algorithme de Frey-Rück, il faut maintenant choisir un diviseur aléatoire sur une extension de $\mathbb{F}_2$ contenant les racines $13^{\text{èmes}}$ de l'unité. Dans notre cas, il faut donc se placer sur

$$\mathbb{F}_{2^{12}} = \mathbb{F}_2[t]/(t^{12} + t^3 + 1).$$

On considère le diviseur $E = P_1 - P_2$, où

$$P_1 = (t^{10} + t^9 + t^8 + t^7 + t^4 + t^2 + t, \ t^8 + t^7 + t^6 + t^5 + t^4 + t^2)$$

et

$$P_2 = (t^{10} + t^8 + t^2, \ t^7 + t^6 + t^5 + t^4 + t^2 + 1).$$

On calcule alors facilement

$$d_1 = f_1(E) = \frac{f_1(P_1)}{f_1(P_2)} = t^{11} + t^{10} + t^3 + t^2 + 1$$

et

$$d_2 = f_2(E) = \frac{f_2(P_1)}{f_2(P_2)} = t^{10} + t^8 + t^5 + t^2 + t.$$

Et on vérifie qu'on a d'une part

$$\frac{log(d_2)}{log(d_1)} \ mod \ 13 = 7,$$

et d'autre part

$$D_2 = [7]D_1.$$

On a donc bien ramené un problème de log discret hyperelliptique à un log discret classique dans un corps fini.

Annexe A

Cohomologie et entiers p-adiques

A.1 Cohomologie

Soit Υ la catégorie des variétés algébriques lisses projectives définies sur un corps $\mathbb{K}$. Se donner une cohomologie pour Υ consiste à associer à chaque objet de Υ une suite d'espaces vectoriels sur un corps $\mathbb{K}$ qui vérifie certaines propriétés.

Un complexe sur un anneau A est une suite de A-modules A^i tels qu'il existe des morphismes d^i entre eux :

$$ \ldots \longrightarrow A^{i-1} \xrightarrow{d^{i-1}} A^i \xrightarrow{d^i} A^{i+1} \longrightarrow \ldots $$

Ces morphismes $\forall i$, vérifient $d^{i+1} \circ d^i = 0$. Les groupes de cohomologie $H^i(\mathbb{X}, A)$ associés au complexe A sont alors définis comme étant $H^i(\mathbb{X}, A) = \frac{\ker d^i}{\operatorname{Im} d^{i-1}}$. On veut aussi que les cohomologies puisse vérifier la fonctionnalité suivante : Si φ est un morphisme entre deux variétés $\mathbb{X}$ et $\mathbb{Y}$, alors on peut lui associer un morphisme φ^* de $H^i(\mathbb{Y}, A)$ dans $H^i(\mathbb{X}, A)$.

En particulier, on veut une application de $End(\mathbb{X})$ dans $End(H^i(\mathbb{X}, A))$. Si A est un corps, on peut ainsi déduire d'endomorphismes sur $\mathbb{X}$ des morphismes sur des espaces vectoriels, ce qui permet de définir le déterminant, la trace ou le polynôme caractéristique du morphisme si ces espaces sont de dimension finie.

Un exemple important de cohomologie que l'on peut construire sur la catégorie des variétés algébriques affines est la cohomologie de De Rham. On suppose que $\vartheta_{\mathbb{X}} = \frac{\mathbb{K}[X,Y]}{P(X,Y)}$ est l'anneau de coordonnées d'une variété algébrique lisse $\mathbb{X}$ et que $\Omega^1_{\mathbb{X}} = \frac{\mathbb{K}[X,Y]\ dX + \mathbb{K}[X,Y]\ dY}{\frac{\partial P[X,Y]}{\partial X}\ dX + \frac{\partial P[X,Y]}{\partial Y}\ dY}$ est l'espace des différentielles sur $\vartheta_{\mathbb{X}}$. On a alors le complexe :

$$0 \longrightarrow \vartheta_{\mathbb{X}} \overset{d}{\longrightarrow} \Omega^1_{\mathbb{X}} \longrightarrow 0$$

avec $d : f(X,Y) \mapsto df = \frac{\partial f}{\partial X}\ dX + \frac{\partial f}{\partial Y}\ dY$. Les termes $\frac{\partial f}{\partial X}$ et $\frac{\partial f}{\partial Y}$ sont les polynômes dérivés naturellement de f respectivement par rapport à X et à Y. On a alors $H^1(\mathbb{X}, \mathbb{K}) = \frac{\Omega^1_{\mathbb{X}}}{d(\vartheta_{\mathbb{X}})}$, c'est à dire $\Omega^1_{\mathbb{X}}$ quotienté par la relation d'équivalence $\phi \sim \phi' \iff \phi - \phi' = df$, $f \in \vartheta_{\mathbb{X}}$.

Soit

$$G : \quad \mathbb{X} \quad \to \quad \mathbb{Y}$$

$$(x,y) \quad \mapsto \quad (G_1(x,y), G_2(x,y))$$

un morphisme de varétés algébriques de dimension 1.

On peut alors définir $\overline{G^*} : H^1(\mathbb{Y}, \mathbb{K}) \to H^1(\mathbb{X}, \mathbb{K})$ ainsi : on définit tout d'abord

$$\overline{G^*} : \quad \Omega^1_{\mathbb{Y}} \quad \to \quad \Omega^1_{\mathbb{X}}$$

$$\phi = \phi_1(X,Y)\ dX + \phi_2(X,Y)\ dY \mapsto \phi_1(G_1(X,Y), G_2(X,Y))(\frac{\partial G_1}{\partial X}\ dX + \frac{\partial G_1}{\partial Y}\ dY)$$

$$+ \phi_2(G_1(X,Y), G_2(X,Y))(\frac{\partial G_2}{\partial X}\ dX + \frac{\partial G_2}{\partial Y}\ dY)$$

Ce morphisme donne par passage au quotient un morphisme

$$G^* : H^1(\mathbb{Y}, \mathbb{K}) \to H^1(\mathbb{X}, \mathbb{K})$$

A.2 L'anneau $W(\mathbb{F}_q)$ des entiers p-adiques

Soient p un premier et π_n la projection de $\frac{\mathbb{Z}}{p^{n+1}\mathbb{Z}}$ dans $\frac{\mathbb{Z}}{p^n\mathbb{Z}}$. C'est un homomorphisme d'anneaux. On va pouvoir introduire la notion d'entier $p - adiques$.

Définition A.2.1 *L'ensemble des entiers $p-adiques$ est défini comme l'ensemble des suites $x = (x_0, x_1, ..., x_n, ...)$, avec $x_n \in \frac{\mathbb{Z}}{p^{n+1}\mathbb{Z}}$ et tel que*
$$\pi_n(x_n) = x_{n-1} \text{pour } n \geq 1.$$
Il est muni naturellement de lois de composition qui font un anneau commutatif noté $\mathbb{Z}_p$. La somme et le produit dans $\mathbb{Z}_p$ sont la somme et le produit naturels effectués coordonnée à coordonnée.

On peut remarquer que $\mathbb{Z}_p$ est un anneau de valuation discrète. Soit un élément $x = (x_0, x_1, ..., x_n, ...)$ de $\mathbb{Z}_p$ tel que $x_0 = x_1 = ... = x_{i-1} = 0$ et $x_i \neq 0$, alors sa valuation est i.

Les éléments inversibles dans $\mathbb{Z}_p$ sont les éléments de valuation nulle (c'est à dire tels que $x_0 \neq 0$).

De plus, si on étend le définition de π_n en une projection de $\mathbb{Z}_p$ dans $\frac{\mathbb{Z}}{p^{n+1}\mathbb{Z}}$ qui envoie x sur x_n, il est évident que la connaissance de x_n permet de retrouver x_k pour $k < n$ par la projection sur $\frac{\mathbb{Z}}{p^{k+1}\mathbb{Z}}$. En posant $\pi = \pi_0$, on peut considérer π comme une projection sur $\mathbb{F}_p$.

Il existe une autre façon de représenter un élément de $\mathbb{Z}_p$. Un élément $x = (x_0, x_1, ..., x_n, ...)$ peut s'écrire $x = b_0 + b_1 * p + b_2 * p^2 + ... + b_n * p^n + ...$ avec pour tout i, $0 \leq b_i \leq (p-1)$ et $x = b_0 + b_1 * p + b_2 * p^2 + ... + b_i * p^i = x_i$.

Définition A.2.2 *on considère maintenant l'entier $q = p^d$ avec p premier. Soit $f(t)$ un polynôme unitaire de $\mathbb{Z}_p[t]$ de degré d tel que le polynôme $\pi(f)$ obtenu en projetant les coefficients de f dans $\mathbb{F}_p$ est irréductible dans $\mathbb{F}_p[t]$. Alors, l'anneau $W(\mathbb{F}_p)$ est l'anneau $\mathbb{Z}_p[t]$ quotienté par l'idéal engendré par $f(t)$.*

Un élément a de $W(\mathbb{F}_p)$ peut être représenté comme un polynôme $a_{d-1}t^{d-1} + ... + a_1 t + a_0$, avec les a_i dans $\mathbb{Z}_p$. La somme et produit dans $W(\mathbb{F}_p)$ sont la somme et le produit ordinaires de polynômes pris modulo $f(t)$. Enfin, on peut remarquer que $W(\mathbb{F}_p)$ contient $\mathbb{Z}_p$ comme sous-anneau.

Pour $q = p^d$, l'élément $x = p$ est appelé l'uniformisante de l'anneau $W(\mathbb{F}_p)$.

Les projections π_i définies sur $\mathbb{Z}_p$ peuvent s'étendre à $W(\mathbb{F}_p)$ de façon naturelle :

$$\pi(a_{d-1}t^{d-1} + ... + a_1 t + a_0) = \pi_i(a_{d-1})t^{d-1} + ... + \pi_i(a_1)t + \pi_i(a_0)$$

On dit que deux éléments x et y de $W(\mathbb{F}_p)$ sont égaux modulo p^n si $\pi_{n-1}(x) = \pi_{n-1}(y)$.

Nous aurons besoin par la suite d'un lemme trés important dit lemme de Hensel qui permet de relever une solution modulo p d'un polynôme dans $W(\mathbb{F}_p)$:

Lemme A.2.3 *Soit un polynôme f à coefficients dans $W(\mathbb{F}_p)$ et f' son polynôme dérivé. Si $\pi(f)$ (c'est à dire le polynôme obtenu en projetant ses coefficients dans $W(\mathbb{F}_p)$ par π) admet une solution x_0 dans $\mathbb{F}_p$ et que $\pi(f') = (x_0) \neq 0$, alors f admet une solution x telle que $\pi(x) = x_0$. Il existe de plus un algorithme effectif dû à Newton pour calculer x à la précision souhaîtée (pour plus de détails consulter[FGH]).*

A.3 La cohomologie de Monsky-Washnitzer

Soit $\mathbb{X}$ une variété algébrique affine définie sur un corps fini $\mathbb{K}$ par un polynôme $P(X, Y)$. L'anneau de coordonnées affines de cette variété est donc $\vartheta_{\mathbb{X},\mathbb{K}} = \frac{\mathbb{K}[X,Y]}{P(X,Y)}$. L'idée est de considérer un relevé quelconque de P dans $W(\mathbb{K})[X, Y]$ que l'on notera $\overline{P}$ et ainsi fabriquer l'anneau $\vartheta_{\mathbb{X},W(\mathbb{K})} = \frac{W(\mathbb{K})[X,Y]}{\overline{P}(X,Y)}$.

$$\Omega^1_{\mathbb{X},W(\mathbb{K})} = \frac{W(\mathbb{K})[X,Y]\ dX + W(\mathbb{K})[X,Y]\ dY}{\frac{\partial \overline{P}}{\partial X}\ dX + \frac{\partial \overline{P}}{\partial Y}\ dY}$$

On a alors le complexe :

$$0 \longrightarrow \vartheta_{\mathbb{X},W(\mathbb{K})} \overset{d}{\longrightarrow} \Omega^1_{\mathbb{X},W(\mathbb{K})} \longrightarrow 0$$

avec d le morphisme équivalent à celui défini dans la cohomologie de De Rham.

On déduit la cohomologie $H^1(\mathbb{X}, W(\mathbb{K})) = \frac{\Omega^1_{\mathbb{X},W(\mathbb{K})}}{d(\vartheta_{\mathbb{X},W(\mathbb{K})})}$.

Le problème est, qu'en général, le morphisme induit par le morphisme de Frobenius sur $H^1(\mathbb{X}, W(\mathbb{K}))$ ne se relève pas en un morphisme sur $\vartheta_{\mathbb{X}, W(\mathbb{K})}$ et donc sur $\Omega^1_{\mathbb{X}, W(\mathbb{K})}$. En effet, on doit pouvoir calculer Y^σ dans $\vartheta_{\mathbb{X}, W(\mathbb{K})}$ qui serait une série de puissance de Y, ce qui n'existe pas dans cet anneau.

On va maintenant se restreindre au cas des courbes hyperelliptiques, et donc, $\mathbb{X}$ est une variété algébrique projective. Dans un premier temps, on considère la variété algébrique affine $\mathbb{X}'$ qui est égale à $\mathbb{X}$ privée des points de Weierstrass (les points dont l'ordonnée est nulle, y compris le point à l'infini). Cela se traduit par un anneau de coordonnées A qui correspond à l'anneau de coordonnées de $\{\mathbb{X}$ privé du point à l'infini$\}$ localisé en (Y). Cet anneau de coordonnées est exactement :

$$A = \frac{W(\mathbb{K})[X, Y, Y^{-1}]}{\overline{P}[X, Y]}$$

Il faut ensuite envisager le complété $\mathcal{R}$ de A pour la valuation induite de celle de $W(\mathbb{K})$, que nous allons expliciter brièvement ici (pour une vision formelle de la notion de complété, se référer à [Coh]).

Soit $\phi(X, Y, Y^{-1})$ un élément de A. C'est un polynôme dans les indéterminées X, Y et Y^{-1} modulo $\overline{P}$.

On définit la valuation d'un élément $\alpha \in W(\mathbb{K})[X, Y, Y^{-1}]$ comme le minimum des valuations de ces coefficients dans $W(\mathbb{K})$. On définit la valuation d'un élément $\beta \in A$ comme le minimum des valuations des éléments de $W(\mathbb{K})[X, Y, Y^{-1}]$ qui représentent la classe de β. Ceci fait de A un anneau valué. Il existe une norme associée à cette valuation. Si p est l'uniformisant de $W(\mathbb{K})$, la norme de ϕ est $p^{-valuation(\phi)}$. $\mathcal{R}$ est le complété de A pour cette norme.

On peut alors relever le frobenius sur $\mathcal{R}$ mais le problème ainsi résolu en pose malheureusement un autre tout aussi gênant : la cohomologie induite par $\mathcal{R}$ est de dimension infinie sur $W(\mathbb{K})$! La solution à ces deux problèmes est due à Monsky-Washnitzer en 1967 (se référer à [MW67]).

On considère ce qu'ils appellent le complété faible $A^\dagger$ de A. Sans expliquer en quoi cela consiste, il suffit de savoir que l'on peut relever le Frobenius dans cet anneau. On considère l'espace des différentielles sur cet anneau $\Omega^1_\dagger$

et enfin l'espace cohomologue de Monsky-Washnitzer associé $\mathbb{H}$ qui consiste en $\frac{\Omega_{\dagger}^{1}}{d(A^{\dagger})}$. Cette cohomologie est un module de dimension finie sur $W(\mathbb{K})$.

Enfin, dans leur article, Monsky et Washnitzer montrent que le théorème des traces de Lefschetz est valable pour leur cohomologie. C'est à dire si σ^* est induite par le Frobenius à la puissance q sur l'espace cohomologue, alors on a que le nombre de points fixes du Frobenius est égal à $Tr(\sigma^*, \mathbb{H})$.

Bibliographie

[Ami] **Y. Amice**, *Les nombres p-adiques*, Presses Universitaires de France 1975.

[Can] **D. Cantor**, *Computing in the jacobian of a hyperelliptic curve*, Mathematics of computation, vol 48, 1987.

[CF] **H. Cohen, G. Frey**, *Elliptic and hyperelliptic curve cryptography*, CRC Press 2006.

[Coh] **H. Cohen**, *A course in computational algebraic number theory*, Graduate Texts in Mathematics, 138, Springer-Verlag, New york 1996.

[Ful] **W. Fulton**, *Algebraic curves*, Benjamin, New york 1969.

[Fre-Rük] **G. Frey, H.G. Rück**, *A remark concerning m-divisibility and the discrete logarithm in the divisor class group of curves*, Math. Comp. Vol 62(1994),n°206, pp 865-874.

[Gau] **P. Gaudry**, *Algorithmique des courbes hyperelliptiques et applications à la cryptographie*, Thèse soutenue à l'école polytechnique, Lix 2000.

[Goz] **I. Gozard**, *Théorie de galois*, ellipse 1997.

[Har] **R. Harthshorne**, *Algebraic geometry*, Graduate Texts in Mathematics 52, Springer-Verlag, New york 1977.

[Hus] **D. Husmöler**, *Elliptic curves*, Graduate Texts in Mathematics, 111, Springer-Verlag, New york 1987.

[Ked] **K.S. Kedlaya**, *Counting points on hyperelliptic curves using Monsky-Washnitzer cohomology*, Massachusset university 2001.

[Kob1] **N. Koblitz**, *A course in number theory and cryptography*, Graduate Texts in Mathematics, 114, Springer-Verlag, New york 1986.

[Kob2] **N. Koblitz**, *P-adic number, p-adic analysis and zeta function*, Graduate Texts in Mathematics, 58, Springer-Verlag, 1977.

[Kob3] **N. Koblitz**, *Hyperelliptic cryptosystems*, J. of Cryptology ,vol 1 (1989), pp 139-150.

[Men] **H.J. Menezes**, *Handbook of cryptography*, CRC Press 1997.

[Men-Hon-Zuc] **H.J. Menezes,Y. Hong-Wu , R.J. Zucchero**, *An elementary introduction to hyperelliptic curves*, Technical report, University of waterloo-Ontario(canada), 1996.

[Oma-Roy] **S. Omar, E. Royer**, *Cours de mastère en arithmétique et Cryptographie*, Faculté des sciences de Tunis 2004-2005.

[Per] **D. Perrin**, *Géométrie algébrique, introduction*, InterEditions 1995.

[Sch] **B. Schneier**, *Cryptographie appliquée*, International thomson publishing 1994.

[Sil] **J. Silvermann**, *The arithmetic of elliptic curves*, Graduate Texts in Mathematics, 106, Springer-Verlag, New york 1986.

[Sil-Tat] **J. Silverman, J. Tate**, *Rational points on elliptic curves*, undergraduate text in Mathematics, Springer-Verlag, New york 1992.

[Sti] **H. Stichtenoth**, *Algebraic function field and codes*, Springer-Verlag 1993.

[Stn] **D. Stinson**, *Cryptographie théorie et pratique*, International thomson publishing 1996.

[Tho] **E. Thomé**, *Algorithmes de calcul de logarithmes discret dans les corps finis*, Thèse soutenue à l'école polytechnique,Lix 2003.

MoreBooks!
publishing

Oui, je veux morebooks!

i want morebooks!

Buy your books fast and straightforward online - at one of world's fastest growing online book stores! Free-of-charge shipping and environmentally sound due to Print-on-Demand technologies.

Buy your books online at

www.get-morebooks.com

Achetez vos livres en ligne, vite et bien, sur l'une des librairies en ligne les plus performantes au monde!
Sans frais de livraison et en protégeant nos ressources et notre environnement grâce à l'impression à la demande.

La librairie en ligne pour acheter plus vite

www.morebooks.fr

VDM Verlagsservicegesellschaft mbH
Dudweiler Landstr. 99   Telefon: +49 681 3720 174   info@vdm-vsg.de
D - 66123 Saarbrücken   Telefax: +49 681 3720 1749   www.vdm-vsg.de